Historias Cortas en Ruso para Principiantes: 10 Historias Sencillas en Ruso y Español con Listas de Vocabulario

ISBN: 9798617825550
Publicación: Autopublicación

История 1: Детство, юность и дружба

Джейн и Мишель знакомы с детства. Джейн – блондинка, а Мишель – **брюнетка**. Мать Джейн зовут Мел. Мать Мишель – Виктория. Виктория и Мел были друзьями **в течение долгого времени**. Джейн – **лучшая подруга** Мишель.

Будучи детьми, они любят **играть в классики, устраивать чаепития** и играть в **прятки**. Их матери **часто** водят их в парк. Мел любит делать шоколадные блины или **яблочный пирог**. Джейн и Мишель также любят смотреть **мультфильмы**. Они любят смотреть «Барби» и «**Король Лев**» вместе.

С одиннадцати лет они очень любят спорт. Они любят **кататься на велосипеде** и играть в баскетбол. Они любят **делиться секретами**. **Они делают свою домашнюю работу** вместе. **Любимый предмет** Мишель – французский. Любимый предмет Джейн – естествознание.

В школе у Джейн **плохие оценки** по математике. **Она берет частные уроки**. Джейн и Мишель проводят больше времени, **учась, чем развлекаясь**. Мишель помогает Джейн учиться. Мел и Виктория **гордятся** своими дочерями. Для того, чтобы их отблагодарить, они отправляются в отпуск вместе с их семьями.

В начальной школе до **средней школы** Джейн и Мишель являются **очень близкими друзьями**.

Но в старшей школе две девочки **менее близки**. Они **вырастают** и **больше не интересуются одними и теми же вещами**. Мишель интересуется книгами и очень **сосредоточена** на **учебе**. Джейн интересуется **модой**, популярностью в **старших классах** и парнями. **Со временем** они становятся **просто знакомыми**.

У Джейн много друзей и новый лучший друг: Лилли. **Парня** Джейн зовут Лукас.

У Мишель также появился новый **близкий друг**. Ее зовут Энни. Энни также **любит читать**, как и Мишель.

В субботу днем Мел и Виктория приглашают своих **дочерей** пойти вместе в кино. Фильм хорош, но **Джейн и Мишель почти не разговаривают.** Виктории **грустно.** Джейн и Мишель больше не друзья.

Дома Виктория разговаривает с Мишель:

- Ты и Джейн, **вы поссорились**?
- Нет, с чего ты взяла?
- Ты с ней больше не разговариваешь.
- Но нет, мы разговариваем друг с другом.
- Но вы больше не друзья.
- У нас нет одинаковых **интересов.**
- **Пригласи ее в гости к нам домой.**
- Нет, спасибо.
- Но почему?
- Мама, у нее теперь есть свои друзья. И у меня тоже, у меня есть моя лучшая подруга. **Это неважно,** если мы больше не друзья.
- Хорошо, я понимаю.

Однажды днем Мишель гуляет в парке. Она видит, как Джейн плачет на стуле.

- Привет, Джейн, **что происходит?** Почему ты плачешь?
- Привет, Мишель. Лукас и его семья **переехали** в другой город. **Мы расстаемся**.
- Мне тебя жаль.
- Спасибо.
- Где твои друзья?
- Я не знаю. Они не здесь.

Джейн улыбается Мишель и спрашивает ее:

- А как ты?
- Я в порядке, спасибо. Не оставайся здесь **одна.** Пойдем **выпьешь со мной.**
- Нет, спасибо. **Я не хочу беспокоить тебя.**
- Ты не беспокоишь меня. Я приглашаю тебя.

-       Хорошо, хорошо. Спасибо, Мишель. Ты очень добра.

Две девушки идут в ресторан. Они заказывают сок и шоколадные блины. Джейн рассказывает Мишель о своих проблемах. Лилли на самом деле не подруга Джейн. Лилли спекулянт.

Вечером Джейн чувствует себя лучше. Она рассказывает о своем дне своей матери.

Лукас уезжает. Джейн забывает о своих отношениях с ним. Джейн и Мишель начинают **проводить время вместе**. Мел и Виктория счастливы.

Однажды **Виктория заболевает**. Джейн помогает Мишель **заботиться о** Виктории. Энни посещает Викторию. Мишель представляет Джейн свою подругу Энни. Джейн рада с ней познакомиться. Мишель приглашает Энни покушать дома. Энни с удовольствием соглашается. Джейн и Мишель **готовят еду**. Три девушки едят вместе в полдень. Еда вкусная.

Три дня спустя Виктория **излечивается.** Джейн приглашает Мишель и Энни отправиться за покупками. Энни отклонила приглашение. У нее есть домашняя работа, которую нужно закончить. Мишель принимает приглашение с удовольствием. Джейн и Мишель **покупают** новые **платья**, туфли и **брюки**. Они покупают красивое **ожерелье** для Энни. Мишель покупает **пальто** для своей мамы. Джейн покупает **пиджак** для своей мамы.

К концу **учебного года Джейн проваливает экзамены. Она проходит повторный курс обучения.** Джейн сожалеет. Она просит Мишель остаться с ней. Мишель говорит Джейн, что она все еще ее подруга. Джейн решает больше не **пренебрегать учебой**.

Джейн и Мишель становятся почти неразлучными. **Мишель помогает Джейн преуспеть в учебе.** Джейн счастлива. Мишель и Джейн становятся близкими друзьями, как и раньше.

Vocabulario

Детство	Infancia
Дружба	Amistad
Брюнет/Брюнетка (М/Ж)	Morena
В течение долгого времени	Durante mucho tiempo
Лучший друг/лучшая подруга (М/Ж)	Mejor amiga
Играть в классики	Jugar a la rayuela
Устраивать чаепития	Jugar a tomar el té
Прятки	Escondidas
Часто	A menudo
Яблочный пирог	Una tarta de manzana
Мультфильмы	Dibujos animados
Король Лев	El rey león
Кататься на велосипеде	Ir en bicicleta
Делиться секретами	Compartir secretos
Они делают свою домашнюю работу	Ellas hacen sus deberes
Любимый предмет	Asignatura favorita
Плохие оценки	Malas notas
Она берет частные уроки	Ella toma clases particulares
Джейн и Мишель проводят больше времени, учась, чем развлекаясь	Jane y Michelle pasan más tiempo estudiando que disfrutando
Гордиться	Están orgullosas de
Средняя школа	Escuela secundaria
Очень близкие друзья	Muy amigas
Подросток(-и)	Adolescente(s) M/F
Менее близки	Se alejan
Они вырастают (вырасти)	Ellas crecen (crecer)

Они больше не интересуются одними и теми же вещами	Ya no están interesadas en la mismas cosas
Сосредоточен(-а) (М/Ж)	Enfocado/a
Учеба	Estudios
Мода	La moda
Старшие классы	Colegio
Со временем	Con el tiempo
Просто знакомые	Meras conocidas
Парень	Novio
Близкий друг/Близкая подруга (М/Ж)	Amiga íntima
Любит читать	Aficionada de
Дочь (дочери)	Hija(s)
Джейн и Мишель почти не разговаривают	Jane y Michelle apenas se hablan
Грустно	Triste
Джейн и Мишель больше не друзья	Jane y Michelle ya no son amigas
Вы поссорились?	¿Tuvisteis una discusión?
Интересы	Intereses
Пригласи ее в гости к нам домой	Invítala a casa
Это неважно	No importa
Что происходит?	¿Qué está pasando?
Переезжать	Mudarse
Мы расстаемся	Nos separamos
Один/одна (М/Ж)	Solo/a
Выпей со мной	Ven a tomarte algo conmigo
Я не хочу беспокоить тебя	No quiero molestarte
Проводить время вместе	Pasar tiempo juntas
Виктория заболевает	Victoria cae enferma
Заботиться о…	Cuidar a…

Готовить еду
Три дня спустя
Излечиться

Preparan la comida
Tres días después
Se recupera

Historia 1: Infancia, adolescencia, y amistad

Jane y Michelle se conocen desde la infancia. Jane es rubia y Michelle es **morena**. La madre de Jane se llama Mel. La madre de Michelle es Victoria. Victoria y Mel han sido amigas **durante mucho tiempo**. Jane es la **mejor amiga** de Michelle.

De niñas, les gusta **jugar a la rayuela**, **jugar a tomar el té y a las escondidas**. Sus madres **a menudo** las llevan al parque. A Mel le encanta hacer tortitas de chocolate o **una tarta de manzana**. A Jane y Michelle también les encanta ver los **dibujos animados**. Les encanta ver "Barbie" y **"El rey león"** juntas.

Desde la edad de once años, aman mucho los deportes. Les encanta **ir en bicicleta** y jugar al baloncesto. Les encanta **compartir secretos**. **Ellas hacen sus deberes** juntos. La **asignatura favorita** de Michelle es el francés. La de Jane son las ciencias.

En la escuela, Jane tiene **malas notas** en matemáticas. **Ella toma clases particulares. Jane y Michelle pasan más tiempo estudiando que disfrutando**. Michelle ayuda a Jane a estudiar. Mel y Victoria **están orgullosas de** sus hijas. Para agradecerles, se van de vacaciones con sus familias.

En la escuela primaria hasta la **escuela secundaria**, Jane y Michelle son **muy amigas**.

Pero en el colegio, las dos chicas se **alejan**. Ellas **crecen** y **ya no están interesadas en las mismas cosas**. A Michelle le interesan los libros y está muy **enfocada** en sus **estudios**. A Jane le interesa la **moda**, la popularidad en el **colegio** y los chicos. **Con el tiempo**, se convierten en **meras conocidas**.

Jane tiene muchos amigos y una nueva mejor amiga: Lilly. El novio de Jane se llama Lucas.

Michelle también tiene una nueva **amiga íntima**. Su nombre es Annie. Annie también es **aficionada de la lectura** igual que Michelle.

En una tarde de sábado, Mel y Victoria invitan a sus **hijas** para ir juntas al cine. La película es buena, pero **Jane y Michelle apenas se hablan**. Victoria está **triste. Jane y Michelle ya no son amigas.**

En casa, Victoria habla con Michelle:

- Tú y Jane, **¿tuvisteis una discusión?**
- ¿No porque?
- Ya no hablas con ella.
- Pero no, si nos estamos hablando.
- Pero ya no sois amigas.
- Ya no tenemos los mismos **intereses**.
- **Invítala a casa.**
- No, gracias.
- ¿Pero por qué?
- Mamá, ella tiene sus amigos ahora. Y yo también, tengo a mi amiga. **No importa** si ya no somos amigas.
- Claro, entiendo.

Una tarde, Michelle camina por el parque. Ella ve a Jane llorando en una silla.

- Hola Jane, **¿qué está pasando?** ¿Por qué estás llorando?
- Hola Michelle. Lucas y su familia se **mudan** a otra ciudad. **Nos separamos**.
- Lo siento por ti.
- Gracias.
- ¿Dónde están tus amigos?
- No lo sé.

Jane le sonríe a Michelle y le pregunta:

-¿Y tú cómo estás?
- Estoy bien gracias. No te quedes aquí **sola**. Ven a **tomarte algo conmigo**.
- No, gracias. **No quiero molestarte**.
- No me molestas. Te invito yo.
- Vale, gracias, Michelle. Eres muy amable.

Las dos chicas van al restaurante. Piden jugos y crepes de chocolate. Jane le cuenta a Michelle sus problemas. Lilly no es realmente la amiga de Jane. Lilly es una aprovechadora.

Por la noche, Jane se siente mejor. Ella le cuenta el día a su madre.

Lucas se va. Jane olvida su relación con él. Jane y Michelle empiezan a **pasar tiempo juntas**. Mel y Victoria están felices.

Un día, **Victoria cae enferma**. Jane ayuda a Michelle a **cuidar a** Victoria. Annie visita a Victoria. Michelle presenta a Jane a su amiga Annie. Jane está feliz de conocerla. Michelle invita a Annie a comer en casa. Annie acepta con placer. Jane y Michelle **preparan la comida**. Las tres chicas comen juntas al mediodía. La comida es deliciosa.

Tres días después, Victoria **se recupera**. Jane invita a Michelle y Annie a ir de compras. Annie rechaza la invitación. Ella tiene unas tareas para terminar. Michelle acepta la invitación con mucho gusto. Jane y Michelle **compran** nuevos **vestidos, zapatos** y **pantalones**. Compran un hermoso **collar** para Annie. Michelle compra un **abrigo** para su madre. Jane compra una **chaqueta** para su madre.

Hacia el final del **año escolar, Jane no aprueba sus exámenes. Ella repite sus clases de primero**. Jane se arrepiente. Ella le pide a Michelle que se quede con ella. Michelle le dice a Jane que ella sigue siendo su amiga. Jane decide no **descuidar** más **sus estudios**.

Jane y Michelle se vuelven casi inseparables. **Michelle ayuda a Jane a tener éxito en sus estudios**. Jane está feliz. Michelle y Jane son otra vez amigas cercanas como antes.

История 2: Большая семья

Леа родом из **большой семьи**. У нее трое **братьев и сестер**. Ее отца зовут Джордж. Ее мать зовут Лиди. Брак Джорджа и Лиди является **браком по договоренности**.

Их первый ребенок **родился** через год после их **свадьбы**. Их **старшую дочь** зовут Мария. Ричард – второй ребенок. У него такое же имя, как у его **дедушки**, отца его отца. Леа – третий ребенок ее родителей. Джина является **младшей сестрой** Леи. Джина самая **младшая** в семье. **Она очень похожа на свою мать.**

У Леи есть семь **двоюродных братьев и сестер** по отцовской линии, четыре девочки и три мальчика. И у нее семь двоюродных братьев и сестер по материнской линии, пять девочек и два мальчика. Леа и ее братья и сестры близки к **маминой стороне семьи**. Леа и Джин часто посещают свою **тетю** Джоселин: **младшую сестру** Лиди. Их бабушка по материнской линии очень **добрая**. Их бабушка по отцовской линии строгая. Двое их дедушек уже **мертвы**.

Люк – друг семьи. И он также является **соседом**. Люк – **отец-одиночка**. Его дочь зовут Кэтрин. Кэтрин – **единственный ребенок**. И она **полусирота, лишенная матери**. Леа и Кэтрин очень близки. Леа **почти** как сестра для Кэтрин.

Некоторые члены семьи Джорджа живут **за границей**. Старший брат Джорджа живет во Франции. Его жена – француженка. Двое детей **смешанной расы** родились от их союза. Каждый год Джордж организовывает большую вечеринку, где встречается вся семья. Джордж рад видеть своих братьев и сестер, а также своих **племянников** и племянниц.

После десяти лет брака Джордж и Лиди начинают часто спорить. У них есть **супружеские**

проблемы. Лиди **привлекает** Люк. У Джорджа есть **любовница**. Ее зовут Жизель. Ей тридцать. **Джордж и Лиди больше не любят друг друга**. Их брак – ошибка. Они разводятся. Их дети **расстроены**. Но это лучшее решение, которое можно принять.

Джордж покидает дом. Он переезжает в дом Жизель. Джина **плачет**. Лиди объясняет, что ее отец больше не живет с ними. Но он все еще любит Джину и ее братьев и сестер. Леа **утешает** свою младшую сестру. **Ричард берет ее на руки**. Джордж остается в хороших отношениях со своей **бывшей женой**. **Лиди начинает романтические отношения с Люком**.

Через полгода Джордж снова женится. Он приглашает Лиди, Люка и детей на свою свадьбу. Но Лиди не хочет приходить. Джина и Люк остаются дома с Лиди. Мария, Ричард и Леа присутствуют на свадьбе.

Лиди и Люк живут в **сожительстве** со своими детьми. Леа рада жить с Кэтрин. Кроме того, Леа любит Люка. Он для нее как второй отец. Старый дом Люка и Кэтрин **сдается в аренду**.

Новые **арендаторы** – старая пара **пенсионеров**: Кристоф и Кристин Уилсон. Они одни. Их дети и **внуки** уже много лет живут за границей. Чтобы поприветствовать Кристофа и Кристин, Мария готовит хороший **торт для них**. Кристин **тепло** благодарит ее. Она приглашает Марию и других детей **попробовать** торт с ее **мужем**. Мария зовет Ричарда, Лею, Джину и Кэтрин есть торт в Уилсонов. Мария знакомит их с новыми соседями.

Жизель забеременела. Девять месяцев спустя, **Жизель рожает своего первого ребенка**. Его зовут Лайонел. Младшая сестра Лайонела рождается через **полтора года**. Ее зовут Приска. Она блондинка, как и ее мать.

Время идет. Дети растут. Старшие становятся молодежью, а самые младшие – подростками. Леа хорошо ладит со своим **сводным братом** и сводной сестрой. Вместе с Джиной она предлагает им поесть пиццу вместе. Леаи Джина узнают их лучше. Вскоре между ними рождается дружба.

Между тем, чувства рождаются между Ричардом и Кэтрин. **Они влюбляются**. Но **они боятся** реакции Люка и Лиди. Они скрывают свои отношения ото всех, **кроме** Леи. Но рано или поздно Люк и Лиди **обнаруживают** отношения двух **влюбленных**. Их родители одобряют их отношения.

Год спустя **Ричард просит Кэтрин выйти за него замуж**. Кэтрин **прыгает** в руки Ричарда и соглашается. Ричард и Кэтрин организовывают свою **помолвку.** Леа счастлива. Ее лучшая подруга становится ее **невесткой.** Леа помогает своему брату выбрать **обручальное кольцо** для Кэтрин. Во время помолвки Джордж приглашает свою **невестку** потанцевать. Его **внук** родился двенадцать месяцев спустя. Его зовут Питер. У Питера глаза его матери Кэтрин.

Через некоторое время настала очередь Марии жениться. Ее муж – высокий и богатый **красавец.** Его зовут Джон Джексон. К сожалению, пара не может иметь детей. Мать Джона **расстроена** этой ситуацией. У ее единственного сына должен быть **наследник. Мария находится под большим давлением** со стороны **родственников мужа**. Она **задается вопросом,** должна ли она быть разлучена с Джоном. Джон говорит ей никогда не думать об этом. Она его жена, и он любит ее. Они должны **решать свои проблемы** вместе. Чтобы решить свою проблему, Джон и Мария усыновляют сына. И через три года происходит чудо. Мария заканчивает тем, что беременеет. Она рожает милую маленькую девочку: Люсию.

Vocabulario

Большая семья	Una familia numerosa
Братья/сестры (М/Ж)	Hermanos
Брак по договоренности	Un matrimonio concertado
Родиться	Nace
Свадьба	Boda
Старшая сестра	Hija mayor
Прадедушка	Bisabuelo
Младшая сестра	Hermana menor
Младший/младшая (М/Ж)	La más joven
Она очень похожа на свою мать	Ella se parece mucho a su madre
Двоюродный брат/двоюродная сестра (М/Ж)	Primo(s) hermano(s)
Мамина сторона семьи	La familia del lado de la madre
Тетя	Tía
Младшая сестра	La hermana pequeña
Добрый(-ая)	Amable
Мертвый(-ая)	Muerto(s)
Сосед(-ка)	Un vecino
Одинокий отец	Padre soltero
Единственный ребенок	Única hija
Полусирота, лишенная матери	Huérfana de madre
Почти	Casi
За границей	En el extranjero
Смешенной расы	Etnia mixta
Племянник(-и)	Sobrino(s)
Супружеские проблемы	Problemas maritales
Привлечен(-а)	Atraída por
Любовник/любовница М/Ж)	Amante

Джордж и Лиди больше не любят друг друга	George y Lydie ya no se aman
Расстроенный(-ая)	Destrozados
Плакать	Llorar
Утешать	Consolar
Ричард берет ее на руки	Richard la toma entre sus brazos
Бывшая жена	Ex-esposa
Лиди начинает романтические отношения с Люком	Lydie comienza una relación romántica con Luc
Сожительство	Conviven
В аренду	En alquiler
Арендатор(-ы)	Inquilino(s)
Пенсионер	Jubilada(s)
Внуки	Nietos
Торт	Pastel
Тепло	Calurosamente
Пробовать	Probar
Муж	Esposo
Жизель забеременела	Gisèle queda embarazada
Жизель рожает своего первого ребенка	Gisèle da a la luz su primer hijo
Полтора года	Un año y medio
Время идет	El tiempo pasa
Сводный брат	Hermanastro
Между тем	Mientras tanto
Чувства	Sentimientos
Они влюбляются	Ellos se enamoran
Они боятся	Tienen miedo
Кроме	Excepto
Обнаружить	Descubrir
Влюбленные	Enamorados

Ричард просит Кэтрин выйти за него замуж	Richard le pide a Catherine que se case con él
Прыгать	Saltar
Помолвка	Compromiso
Обручальное кольцо	Anillo de compromiso
Невестка	Nuera
Невестка	Cuñada
Внуки	Nieto
Красавец	Guapo
Расстроен(-а)	Contrariada
Наследник	Heredero
Мария находится под большим давлением	Maria está bajo mucha presión
Родственники мужа	Suegros
Задаваться вопросом	Preguntarse
Решать свои проблемы	Lidiar con su problema

Historia 2: Una familia numerosa.

Lea viene de una **familia numerosa**. Ella tiene tres **hermanos**. Su padre se llama George y su madre Lydie. El matrimonio de George y Lydie es **un matrimonio concertado**.

Su primer hijo **nace** un año después de su **boda**. Su **hija mayor** se llama Maria. Richard es el segundo hijo. Tiene el mismo nombre que su **bisabuelo**, el padre de su padre. Léa es la tercera hija de sus padres. Gina es la **hermana menor** de Léa. Gina es **la más joven** de la familia. **Ella se parece mucho a su madre.**

Léa tiene siete **primos hermanos** por parte de su padre, cuatro niñas y tres niños. Y tiene siete primos hermanos por parte de su madre, cinco niñas y dos niños. Léa y sus hermanos están cercanos **a la familia del lado de la madre**. Léa y Gina visitan a menudo a su **tía** Jocelyne: **la hermana pequeña** de Lydie. Su abuela materna es muy **amable**. Su abuela paterna es estricta. Sus dos abuelos ya están **muertos**.

Luc es un amigo de la familia. Y él también es **un vecino**. Luc es un **padre soltero**. El nombre de su hija es Catherine. Catherine es la **única hija**. Y ella es **huérfana de madre**. Léa y Catherine son muy cercanas. Léa es **casi** como una hermana para Catherine.

Algunos miembros de la familia de George viven **en el extranjero**. El hermano mayor de George vive en Francia. Su esposa es francesa. Dos hijos de **etnia mixta** nacen de su unión. Cada año, George organiza una gran fiesta donde se reúne toda la familia. George está feliz de ver a sus hermanos y hermanas, así como a sus **sobrinos** y sobrinas.

Después de diez años de matrimonio, George y Lydie comienzan a discutir con frecuencia. Tienen **problemas maritales**. Lydie **se siente atraída por** Luc. George tiene una **amante**. Su nombre es Gisèle. Ella tiene treinta años. **George y Lydie ya no se aman**. Su matrimonio ha sido un error. Se están divorciando. Sus hijos están **destrozados**. Pero esta es la mejor decisión.

George sale de la casa. Se traslada a la casa de Gisèle. Gina está **llorando**. Lydie explica que su padre ya no vive con ellos, pero que todavía ama a Gina y a sus hermanos. Lea **consuela** a su hermanita. **Richard la toma entre sus brazos**. George se mantiene en buenos términos con su **ex-esposa**. **Lydie comienza una relación romántica con Luc.**

Seis meses después, George se vuelve a casar. Invita a Lydie, Luc y los niños a su boda. Pero Lydie no quiere ir. Gina y Luc se quedan en casa con Lydie. Maria, Richard y Léa asisten a la boda.

Lydie y Luc **conviven** con sus hijos. Léa está encantada de vivir con Catherine. Además, a Léa le encanta Luc. Él es como un segundo padre para ella. La vieja casa de Luc y Catherine está **en alquiler**.

Los nuevos **inquilinos** son una vieja pareja **jubilada**: Christophe y Christine Wilson. Ellos están solos. Sus hijos y **nietos** viven en el extranjero desde hace años. Para dar la bienvenida a Christophe y Christine, Maria les prepara un buen **pastel**. Christine le agradece **calurosamente**. Invita a Maria y a todos los demás niños a **probar** el pastel con su **esposo**. Maria llama a Richard, Léa, Gina y Catherine para comer el pastel en la casa de los Wilson. Maria les presenta a los nuevos vecinos.

Gisèle queda embarazada. Nueve meses después, **Giséle da a luz a su primer hijo**. Su nombre es Lionel. La hermana pequeña de Lionel nace después de **un año y medio**. Su nombre es Prisca. Ella es rubia como su madre.

El tiempo pasa. Los niños crecen. Los mayores se convierten en adultos y los más jóvenes en adolescentes. Léa se lleva bien con su **hermanastro** y su hermanastra. Con Gina, los invita a comer pizzas juntos. Léa y Gina los conocen mejor. Pronto, nace una amistad entre ellos.

Mientras tanto, los **sentimientos** nacen entre Richard y Catherine. **Ellos se enamoran. Pero tienen miedo** de la reacción de Luc y Lydie. Ocultan su relación con todos **excepto** con Léa. Pero tarde o temprano, Luc y Lydia **descubren** la relación de los dos **enamorados**. Sus padres aprueban su relación.

Un año despúes, **Richard le pide a Catherine que se case con él**. Catherine **salta** a los brazos de Richard y acepta. Richard y Catherine organizan su **compromiso**. Léa está feliz. Su mejor amiga se convierte en su **cuñada**. Léa ayuda a su hermano a elegir un **anillo de compromiso** para Catherine. Durante la fiesta de compromiso, George invita a su **cuñada** a bailar. Su **nieto** nace doce meses después. Su nombre es Pedro. Pedro tiene los ojos de su madre Catherine.

Después de un tiempo, es el turno de Maria de casarse. Su marido es un hombre alto, rico y **guapo**. Su nombre es John Jackson. Lamentablemente, la pareja no puede tener hijos. La madre de John está **contrariada** por la situación. Su único hijo debe tener un **heredero**. **Maria está bajo mucha presión** por culpa de sus **suegros**. Ella **se pregunta** si debería de separarse de John. John le dice que nunca piense en eso. Ella es su esposa y él la ama. Tienen **que lidiar con su problema** juntos. Para resolver su problema, John y Maria adoptan a un hijo. Y tres años después, se realiza un milagro. Maria se queda embarazada. Ella da a luz a una niña bonita: Lucia.

История 3: Страсть к музыке

Пение – любимое **занятие** Кристиана. Его мать зовут Жанна. Его отца зовут Ален. В возрасте от двух до четырех лет, Кристиан любит **слушать потешки**. Он любит **напевать их**. В пять лет Кристиан может **читать**. Он любит **играть в караоке**.

В девять лет, он участвует в **в песенном конкурсе** для детей. У Кристиана много талантов. Члены жюри впечатлены. Кристиан **среди** числа финалистов конкурса. **Победителем конкурса** стал двенадцатилетний мальчик. **Кристиан занимает второе место**. Он получает **игровую консоль**, велосипед, **деньги** и **отдых за рубежом**. Он также выигрывает билет в Диснейленд.

Ален и Жанна очень гордятся своим ребенком. Они **поздравляют его** и **целуют его**.

Ален и Жанна организуют большую **вечеринку** к десятому дню рождения Кристиана. Они приглашают всю семью и несколько **одноклассников** . В четыре часа **Кристиан загадывает желание** . Затем **он задувает свечи** на торте к дню рождения. **Каждый** аплодирует. Гости дарят **подарки** Кристиану.

В шесть часов вечеринка заканчивается. Люди идут домой. Родители Кристиана благодарят их. **Кристиан распаковывает свои подарки**. Кристиан **получает** новую обувь, новую **одежду** и новые **игрушки**. Его родители дарят ему **роликовые коньки**.

На ужин Жанна готовит свое **любимое блюдо**. В восемь часов они обедают. Они едят макароны и **сыр**.

Кристиан видит старую гитару **в шкафу. Кристиан учится играть на гитаре**. Его мать **замечает** его. Она покупает ему новую гитару. **Она ищет** музыкальную школу для своего **сына**. Кристиан начинает брать **уроки игры на гитаре.**

В одиннадцать лет Кристиан поет во время вечеринки в своей школе. **Учитель пения** замечает это. **Он приветствует Кристиана** и его родителей. Затем он представляет себя. Он был учителем пения в течение двадцати пяти лет. У Кристиана красивый голос. Сирил хочет научить его петь. Жанна и Ален принимают предложение. Это отличная возможность. Кристиан встречает другую ученицу Сирила. Ее зовут Анна. Анна играет на пианино. **Кристиан и Анна одного возраста**. **Они становятся друзьями**.

В двенадцать лет Кристиан идет в шестой класс. В средней школе он получает плохие оценки. Кристиан слишком сосредоточен на музыке и пении. Его отец просит его сосредоточиться на учебе. Кристиан **бросает** музыку. Он получает лучшие оценки в школе.

В шестнадцать лет Кристиан поступает в старшую школу. Он узнает, как **управлять своим временем** для **хобби** и учебы. Он продолжает музыку и пение. В старшей школе Кристиан встречает других молодых людей. Они также занимаются музыкой. Кен играет на гитаре. А Ник играет на барабанах. **Кристиан хорошо ладит с Ником и Кеном**. Ник приглашает Кристиана и Кена играть музыку вместе. У него есть студия дома. **У него есть барабаны**, акустическая гитара и синтезатор. Кристиан приглашает Анну поиграть с ними.

В субботу утром Кристиан, Кен и Анна идут домой к Нику. Ник знакомит своих новых друзей с родителями. Отец Ника – бывший **барабанщик**. Его мать – бывшая **певица**. Ее **старшая сестра** играет на **скрипке**. Ник происходит из семьи художников.

Четверо молодых людей входят в студию. Каждый играет на своем музыкальном инструменте. Они играют **известные песни**. Кристиан и Анна **в то же время** поют. Мама Ника предлагает всем **сок**. Четверо молодых людей становятся неразлучными. Любовь к музыке объединяет их.

Через несколько месяцев Сирил зовет их оживить вечеринку. Кристиан, Анна, Ник и Кен радостно взволнованы. Но **они боятся сцены**. **Анна краснеет**. Кен **потный**. У Ника **боль в животе**. **Руки Кристиана дрожат**. Он и его друзья играют **на сцене** впервые. Их родители и их семьи все присутствуют.

В конце концов **все идет хорошо. Звуковая система** безупречна. **Певцы** поют хорошо. Список песен хорошо выбран. Все присутствующие довольны. Группа получает публичные поздравления. Сирил доволен их **выступлением**. Он дает им их **плату**.

Наступает ночь. Кристиан голоден, как волк. Ален хочет **отпраздновать** этот первый **успех**. Он приглашает четырех музыкантов в ресторан. Он также приглашает Сирила.

Время проходит. Кристиан и его друзья заканчивают среднюю школу. Анна покидает страну. Она продолжает учебу за границей. **Ее учеба длится несколько лет**. Кристиану **очень грустно. Его сердце разбито**.

Кристиан просыпается посреди ночи. Он вдохновлен отъездом своей подруги. Он берет бумагу и **ручку** . Он пишет **текст** песни. Затем Кристиан берет свою гитару. Он сочиняет мелодию песни. Это грустная песня. Первый **куплет говорит** о невозможной любви. Второй куплет говорит о разлуке. **Хор описывает** чувства певца.

На следующий день Кристиан поет свою песню под гитару. Кен, Ник, Сирил, Жанна и Ален слушают его. **Родители Кристиана тронуты песней**. Это. Очень **жалостливая** песня. И это прекрасное признание в любви. Кен и Ник любят эту песню.

Три молодых мальчика начинают свою профессиональную карьеру в музыке. Они набирают нового пианиста. Ее зовут Джун. Джун – племянница Сирила. Кристиан, Ник, Кен и Джун создают свою группу. Они называют ее «Ong'Stu». Затем **они записывают песню** Кристиана. **Название песни** – «Для тебя». Через месяц **они выпустили свой первый сингл.** Через несколько дней песня становится **хитом.** Кристиан посвящает песню Анне. Анна тронута. Она благодарит Кристиана.

Сирил сочиняет три песни для группы «Ong'Stu». Кристиан и Джун также сочиняют другие песни. Ален и Сирил помогают им.

Через шесть месяцев Кристиан, Джун, Ник и Кен выпускают свой первый альбом песен. Через шесть недель они делают свой первый концерт. **Поклонники заполняют аудиторию**. Поклонники знают песни **наизусть**. Шоу длится полтора часа.

Кристиан думает об Анне. **Его мечта сбывается**.

Vocabulario

Пение	Canto
Занятие, хобби	Pasatiempo
Слушать	Escuchar
Потешка(-и)	Canciones infantiles
Напевать	Tararear
Читать	Leer
Петь караоке	Jugar al karaoke
Песенный конкурс	Un concurso de canto
Среди	Entre
Победитель конкурса	El ganador del concurso
Кристиан занимает второе место	Christian gana el segundo premio
Он берет уроки музыки	Él toma clases de música
Игровая консоль	Una consola de juegos
Деньги	Dinero
Отдых за рубежом	Vaciones al extranjero
Поздравлять	Se congratulan
Целовать	Besar
Вечеринка	Fiesta
Одноклассник(-и)/одноклассница(ы) (М/Ж)	Compañero(s) de clase
Загадать желание (Кристиан загадывает желание)	Pedir un deseo (Christian pide un deseo)
Задуть свечи (он задувает свечи)	Soplar las velas (él sopla las velas)
Каждый	Todo el mundo
Подарок(-ки)	Regalo(s)
Распаковать свои подарки (Кристиан распаковывает свои подарки)	Desempaqueta sus regalos

Получить	Recibir
Одежда	Ropa
Игрушки	Juguetes
Роликовые коньки	Patines
Любимое блюдо	Comida favorita
Сыр	Queso
Шкаф	El armario
Кристиан учится играть на гитаре	Aprende a tocar la guitarra
Заметить (его мать замечает его)	Notare (su madre lo nota)
Искать (она ищет…)	Buscar (ella busca)
Сын	Hijo
Уроки игры на гитаре	Clases de guitarra
Учитель музыки	Profesor de canto
Кристиан и Анна одного возраста	Christian y Anna tienen la misma edad
Они становятся друзьями	Ellos se vuelven amigos
Приветствовать (он приветствует Кристиана)	Saludar (él saluda a Christian)
Бросить (Кристиан бросает музыку)	Dejar (Christian deja la música)
Управлять временем	Administrar su tiempo
Хобби	Pasatiempos
Хорошо ладить (Кристиан хорошо ладит с Ником и Кеном)	Llevarse bien (Christian se lleva bien con Nick y Ken)
Иметь (Он имеет)	Tener (él tiene)
Барабаны	Batería
Барабанщик	Baterista
Старшая сестра	Hermana mayor
Хорист, бэк-вокалист	Corista
Скрипка	Violín
Известные песни	Canciones famosas

В то же время	Al mismo tiempo
Сок	Zumo
Они боятся сцены	Tienen pánico al escenario
Краснеть (Анна краснеет)	Ponerse rojo (Anna se pone roja)
Потный	Sudado
Живот	Estómago
Рука(-и)	Mano(s)
Дрожать (Руки Кристиана дрожат)	Temblar (A Christian le tiemblan las manos)
На сцене	En el escenario
Звуковая система	Sistema de sonido
Певец/Певица/Певцы	Cantante(s)
Выступление	Exhibición
Плата	Paga
Наступает ночь	Cae la noche
Кристиан голоден, как волк	Christian se muere de hambre
Праздновать	Celebrar
Успех	Éxito
Ее/его учеба длится несколько лет	Sus estudios duran varios años
Очень грустно	Muy triste
Все идет хорошо	Todo bien
Его сердце разбито	Su corazón está roto
Кристиан просыпается посреди ночи	Christian se despierta en medio de la noche
Ручка	Bolígrafo
Текст	Letra
Куплет	Strofa
Говорит	Narra
Хор	Estribillo
Описать (хор описывает…)	Describir (el estribillo describe)

На следующий день
Родители Кристиана тронуты песней

Жалостливый
Они записывают песню
Название песни
Они выпускают свой первый сингл
Хит
Заполнять (Поклонники заполняют аудиторию)
Наизусть
Его мечта сбывается

El día siguiente
Los padres de Christian están conmovidos por la canción
Conmovedora
Ellos graban la canción
Título de la canción
Lanzan su primer single
Canción de éxito
Llenar (los fanes llenan el auditorio)
De memoria
Su sueño se hace realidad

Historia 3: Una pasión por la música

El canto es el **pasatiempo** favorito de Christian. Su madre se llama Jeanne y su padre Alain. Entre los dos y los cuatro años, a Christian le encanta **escuchar canciones infantiles**. Le gusta **tararearlas**. A los cinco, Christian sabe **leer**. Le gusta **jugar al karaoke**.

A los nueve años, participa en **un concurso de canto** para niños. Christian tiene mucho talento. Los miembros del jurado están impresionados. Christian se encuentra **entre** los finalistas de la competición. **El ganador del concurso** es un niño de doce años. **Christian gana el segundo premio.** Consigue una **consola de juegos**, una bicicleta, **dinero** y **vacaciones al extranjero**. También gana una entrada para Disneyland.

Alain y Jeanne están muy orgullosos de su hijo. **Se congratulan** con él y **lo besan**.

Alain y Jeanne organizan una gran **fiesta** por el décimo cumpleaños de Christian. Invitan a toda la familia y algunos **compañeros de clase**. A las cuatro en punto, **Christian pide un deseo**. Luego **sopla las velas** en el pastel de cumpleaños. **Todo el mundo** aplaude. Los invitados ofrecen **regalos** a Christian.

A las seis en punto termina la fiesta. La gente se va a casa. Los padres de Christian les agradecen. **Christian desempaqueta sus regalos.** Christian **recibe** nuevos zapatos, **ropa** nueva y **juguetes** nuevos. Sus padres le regalan unos **patines**.

Para la cena, Jeanne prepara su **comida favorita**. A las ocho en punto cenan. Ellos comen macarrones con **queso**.

Christian ve una vieja guitarra en **el armario**. Christian **aprende a tocar la guitarra**. Su madre lo **nota**. Ella le compra una guitarra nueva. **Ella busca** una escuela de música para su **hijo**. Christian comienza sus **clases de guitarra**.

A las once, Christian canta durante una fiesta en su escuela. Un **profesor de canto** lo nota. **Él saluda a Christian** y a sus padres. Luego se presenta. Ha sido profesor de canto durante veinticinco años. Christian tiene una voz preciosa. Cyril quiere enseñarle a cantar. Jeanne y Alain aceptan la propuesta. Es una gran oportunidad. Christian se encuentra con otro alumno de Cyril. Su nombre es Anna. Anna toca el piano. **Christian y Anna tienen la misma edad. Ellos se vuelven amigos**.

A los doce años, Christian empieza su sexto año se secundaria. En la secundaria, obtiene malas notas. Christian está demasiado concentrado en la música y el canto. Su padre le pide que se enfoque en los estudios. Cristian **deja** la música. Obtiene notas mejores en la escuela.

A los dieciséis años, Christian entra en el instituto. Aprende a **administrar su tiempo** para **pasatiempos** y estudios. Sigue con la música y el canto. Christian conoce a otros jóvenes. También hacen música. Ken toca la guitarra y Nick toca la batería. **Christian se lleva bien con Nick y Ken**. Nick invita a Christian y a Ken a tocar juntos. Él tiene un estudio en casa. **Él tiene batería**, una guitarra acústica y un sintetizador. Christian invita a Anna a tocar con ellos.

El sábado por la mañana, Christian, Ken y Anna van a la casa de Nick. Nick presenta a sus nuevos amigos a sus padres. El padre de Nick es un ex **baterista**. Su madre es una ex **corista**. Su **hermana mayor** toca el **violín**. Nick viene de una familia de artistas.

Los cuatro jóvenes entran en el estudio. Todos tocan su instrumento musical. Tocan **canciones famosas**. Christian y Anna cantan **al mismo tiempo**. La mamá de Nick ofrece **zumo** a todos. Los cuatro jóvenes se vuelven inseparables. El amor por la música los une.

Unos meses más tarde, Cyril los llama para animar una fiesta. Christian, Anna, Nick y Ken están emocionados. Pero **tienen pánico al escenario. Anna se pone roja**. Ken ha **sudado**. Nick tiene un **dolor de estómago. A Christian le tiemblan las manos**. Él y sus amigos tocan **en el escenario** por primera vez. Sus padres y sus familias están presentes.

Finalmente, **todo sale bien**. El **sistema de sonido** es impecable. Los **cantantes** cantan bien. La lista de canciones está bien elegida. Todos los presentes están satisfechos. El grupo recibe felicitaciones públicas. Cyril está feliz por la **exhibición** de los chicos. Él les da su **paga**.

Cae la noche. Christian se muere de hambre. Alain quiere **celebrar** este primer **éxito**. Invita a los cuatro músicos al restaurante. También invita a Cyril.

El tiempo pasa. Christian y sus amigos terminan sus estudios en el colegio. Anna se muda a otro país. Ella continúa sus estudios en el extranjero. **Sus estudios duran varios años**. Christian está **muy triste. Su corazón está roto**.

Christian se despierta en medio de la noche. Está inspirado por la despedida de su amiga. Toma un papel y un **bolígrafo**. Escribe la **letra** de una canción. Luego Christian toma su guitarra. Él compone la melodía de la canción. Es una canción melancólica. La primera estrofa **narra de** un amor imposible. La segunda de la separación. El **estribillo describe** los sentimientos del cantante.

El día siguiente, Christian canta su canción con su guitarra. Ken, Nick, Cyril, Jeanne y Alain lo escuchan. **Los padres de Christian están conmovidos por la canción**. Es una canción muy **conmovedora**. Y es una hermosa declaración de amor. A Ken y Nick les encanta la canción.

Los tres jóvenes comienzan su carrera profesional en la música. Reclutan a un nuevo pianista. Su nombre es June. June es la sobrina de Cyril. Christian, Nick, Ken y June crean su banda. Lo llaman "Ong'Stu". Luego **ellos graban** la **canción** de Christian. El **título de la canción** es "Para ti". Un mes después, **lanzan su primer single**. En unos pocos días, este se convierte en una **canción de éxito**.

Christian le dedica la canción a Anna. Anna se conmueve. Ella le da las gracias a Christian.

Cyril compone tres canciones para la banda Ong'Stu. Christian y June también componen otras canciones. Alain y Cyril los ayudan.

Después de seis meses, Christian, June, Nick y Ken lanzan su primer álbum de canciones. Seis semanas después, hacen su primer concierto. **Los fanes llenan el auditorio**. Los fanes conocen las canciones **de memoria**. El espectáculo dura una hora y media.

Christian piensa en Anna. **Su sueño se hace realidad.**

История 4: Жизнь обычной семьи

Элин тринадцать. Она – **школьница**. Она любит писать. Мать дает ей **дневник**. Она пишет свои **мысли** в этом журнале. **Она хранит** его в своем **выдвижном ящике**.

С понедельника по пятницу **Элин просыпается** в шесть тридцать каждое утро. **Она принимает** душ. В среду **она моет волосы. Она чистит уши. Она чистит зубы**. Она подстригает **ногти**. Она выходит из **ванной** в шесть сорок пять. **Она насухо вытирается полотенцем. Она одевается и надевает обувь. Она расчесывает волосы**. Она берет свой **школьный портфель**. Затем она покидает свою **спальню**.

В семь часов она идет в **столовую. Она завтракает** с отцом. В семь пятнадцать она выходит из дома. Она идет к **автобусной остановке**. Она садится в автобус. В семь сорок пять она приезжает в школу.

Звонок звенит в семь пятьдесят. Ученики идут в свои **классы**. Каждый **садится** на свое место. Занятия начинаются. Перерыв в девять сорок пять. Занятия продолжаются в десять часов. Утром занятия заканчиваются в полдень.

Элин идет в **кафетерий**. У неё **обед** с двумя подругами. После обеда она идет в школьную библиотеку. Она занимает место. Она читает, пишет или **делает домашнее задание. Иногда она засыпает.**

После полудня занятия начинаются в 13:30. Они заканчиваются в пять часов. Элин садится на обратный автобус. Элин приезжает домой в восемнадцать часов. Она **кладет** свою сумку в свою комнату. Она спускается и делает **перекус**. Она делает перерыв, пока не прибудет ее мать.

Семья ужинает около восьми часов. Затем Элин снимает обувь, **раздевается** и моется. Она кладет свое грязное белье в **корзину для белья**. Она надевает свою пижаму. Затем **она учит** уроки и делает домашнее задание. Она рассказывает о своем дне в своем дневнике. Около двадцати одного часа она ложится спать. Она читает и засыпает.

В субботу Элин просыпается около девяти тридцати. Элин – прилежная ученица. В субботу утром она заканчивает свою **незавершенную** домашнюю работу **с предыдущего дня**. Затем она изучает или пересматривает свои уроки.

В субботу днем Элин посещает уроки балета. Ее мать подкидывает ее на машине. Затем **она забирает Элин на машине** в четыре часа.

В воскресенье Элин делает некоторые занятия со своей семьей. Они остаются дома или выходят куда-то.

Старшая сестра Элин – Лесли. Ей двадцать пять лет. Она – **юная выпускница. Лесли – безработная.** Она живет со своими родителями. Она любит **проводить время** со своими друзьями. Она любит **сплетничать с** подругой. Она также любит **макияж**.

Каждое утро Лесли просыпается в десять часов. Она собирается и выходит из дома. **Она закрывает дверь.** Она идет в гараж дома. Она надевает свой **мотоциклетный шлем. Она заводит мотоцикл** и уезжает.

У Лесли есть временная работа. Она – **официантка** в маленьком ресторане. **Она работает неполный рабочий день.** В десять двадцать она приходит в ресторан. Она использует кофе и ест **хлеб с маслом.** Затем она надевает **униформу официантки.** Она начинает работать.

Квентин является **постоянным клиентом** ресторана. **Он ухаживает за Лесли.** Каждый день Квентин дает Лесли **щедрые чаевые.** Девушка **смущается.**

В час у нее перерыв на пятнадцать минут. **Она перекусывает** и продолжает свою работу. **Лесли не ест много.** Она боится **набрать жир**. **У нее одна кожа да кости**.

В шесть часов Лесли закончила свою службу. В половине шестого она воссоединяется со своими друзьями в баре.

В пятницу вечером Лесли и ее друзья идут в **ночные клубы**. Она возвращается в час ночи. Иногда подруга спит в ее доме. В субботу утром Лесли **уставшая**. **Она спит допоздна**. Лесли просыпается около полудня. Она обедает. Днем она смотрит новеллы или идет в кино со своими друзьями.

Мать Лесли и Элин зовут Стефи. Стефи – **учитель** в начальной школе. Стефи любит детей и она любит свою работу. Каждую ночь она готовит занятия для детей на следующий день. После экзаменов она иногда **ложится спать поздно**. **Она исправляет экзаменационные работы своих учеников.** Стефи знает все имена своих учеников. Во второй половине дня среды **в школе нет занятий. У нее есть немного свободного времени**.

Мужа Стефи зовут Роб. **Роб работает в области компьютерных наук.** Роб – разработчик. Он работает в офисе. Он **все время** сидит перед **компьютером**. Он **печатает** строки кода на **клавиатуре**. Роб также отвечает за обслуживание компьютеров на своем рабочем месте. Он **менеджер по информационным технологиям. Роб много работает сверхурочно**. Элин считает, что **он слишком много работает**. Элин боится, что ее отец **перегружен работой**.

Vocabulario

Школьница	Estudiante
Дневник	Diario
Мысли	Pensamientos
Хранить (она хранит его)	Guardar (ella lo guarda)
Выдвижной ящик	Cajón
Проснуться (Элин просыпается)	Despertarse (Aline se despierta)
Принять душ (Она принимает душ)	Ducharse (ella se ducha)
Она моет волосы	Se lava el pelo
Она чистит уши	Se limpia los oídos
Она чистит зубы	Se cepilla los dientes
Ногти	Uñas
Ванная	Baño
Насухо вытираться (она насухо вытирается)	Secarse (se seca)
Полотенце	Toalla
Она одевается и надевает обувь	Se viste y se pone los zapatos
Она расчесывает волосы	Se peina el pelo
Школьный портфель	Mochila
Спальня	Habitación
Столовая	Comedor
Завтракать (Она завтракает)	Desayunar (ella desayuna)
Автобусная остановка	Parada del autobús
Звонок звенит	El timbre suena
Класс	Aula
Сесть	Se sientan
Кафетерий	Cafetería
Обед	Almorzar

Делать свое домашнее задание (она делает домашнее задание)	Hacer los deberes (hace sus deberes)
Она засыпает	Se duerme
После полудня	Tarde
Класть, ложить	Poner
Перекус	Tentempié
Корзина для белья	Cubo de la lavandería
Раздеться (она раздевается)	Desvestirse (se desviste)
Учить	Estudiar (estudia)
Незавершенный	Inacabado(s)
Предыдущий день/предыдущий вечер/предыдущая ночь	El día anterior
Она забирает Элин на машине	Recoge a Aline
Юная выпускница	Joven graduada
Лесли – безработная	Leslie está desempleada
Проводить время	Pasar tiempo
Сплетничать с	Chismear con
Макияж	Maquillaje
Она закрывает дверь	Ella cierra la puerta
Мотоциклетный шлем	Casco de su motocicleta
Она заводит мотоцикл	Ella arranca la moto
Официантка	Camarera
Она работает неполный рабочий день	Ella trabaja a tiempo parcial
Хлеб с маслом	Pan y mantequilla
Униформа официантки	Uniforme de camarera
Постоянный клиент	Cliente habitual
Он ухаживает за Лесли	Él corteja a Leslie
Щедрые чаевые	Propina generosa
Смущаться	Incómoda

Перекусить (Она перекусывает)	Tomar un tentempié (ella toma un tentempié)
Лесли не ест много	Leslie no come mucho
Набрать жир	Engordar
У нее одна кожа да кости	Ella es toda piel y huesos
Ночной клуб	Clubes nocturnos
Уставший(-ая)	Agotada
Она спит допоздна	Ella duerme hasta tarde por la mañana
Учитель	Maestra
Ложиться спать поздно	Se va tarde a la cama
Она исправляет экзаменационные работы своих учеников	Ella corrige los exámenes de sus alumnos
В школе нет занятий	No hay escuela
У нее есть немного свободного времени	Ella tiene algo de tiempo libre
Роб работает в области компьютерных наук	Rob trabaja en el campo informático
Все время	Siempre
Компьютер	Ordenador
Печатать (он печатает…)	Escibir (él escribe)
Клавиатура	Teclado
Менеджер по информационным технологиям	Ejecutivo de informática
Роб много работает сверхурочно	Rob trabaja muchas horas extra
Он слишком много работает	Él trabaja demasiado
Перегружен работой (Питер перегружен работой)	Trabajar demasiado (su padre trabaje demasiado)

Historia 4: La vida de una familia ordinaria.

Aline tiene trece años. Ella es una **estudiante**. A ella le encanta escribir. Su madre le regala un **diario**. Ella escribe sus **pensamientos** en este diario. **Ella lo guarda** en su **cajón**.

De lunes a viernes, Aline **se despierta** a las seis y media de la mañana. **Ella se ducha**. El miércoles, **se lava el pelo**. **Se limpia los oídos. Se cepilla los dientes**. Se corta las **uñas**. Ella **sale del baño** a las seis cuarenta y cinco. **Se seca** con una **toalla. Se viste y se pone los zapatos. Se peina el pelo**. Ella toma su **mochila**. Sale de su **habitación**.

A las siete en punto va al **comedo**r. **Ella desayuna** con su padre. A las siete y cuarto, ella sale de su casa. Va a la **parada del autobús**. Coge el autobús. A las ocho menos cuarto, llega a la escuela.

El timbre suena a las ocho menos diez. Los estudiantes van a sus **aulas**. Todos se **sientan** en su sitio. Empiezan las clases. El recreo es a las diez menos cuarto. Las clases continúan a las diez en punto. Por la mañana, las clases terminan al mediodía.

Aline va a la **cafetería**. Ella **almuerza** con dos amigas. Después del almuerzo, va a la biblioteca de la escuela. Ella encuentra un lugar donde sentarse. Lee, escribe o **hace sus deberes**. A veces ella **se duerme**.

Por la **tarde,** las clases comienzan a las 13:30. Terminan a las cinco en punto. Aline coge el autobús de vuelta. Aline llega a casa a las dieciocho en punto. Ella **pone** su bolso en su habitación. Ella baja y toma un **tentempié**. Ella se toma un descanso hasta que llega su madre.

La familia cena alrededor de las ocho. Entonces Aline se quita los zapatos, se desviste y se lava. Ella pone su ropa sucia en el **cubo de la lavandería**. Se pone su pijama. Luego **estudia** sus apuntes y hace sus deberes. Ella relata su día en su diario. Aproximadamente a las veintiuno, se acuesta. Ella lee y se queda dormida.

El sábado, Aline se despierta alrededor de las nueve y media. Aline es una chica muy estudiosa. El sábado por la mañana, termina sus deberes **inacabados** del **día anterior**. Entonces ella aprende o revisa sus lecciones.

El sábado por la tarde, Aline sigue las clases de ballet. Su madre la acompaña. Luego **recoge a Aline** a las cuatro en punto.

El domingo, Aline hace algunas actividades con su familia. Se quedan en casa o salen.

La hermana mayor de Aline se llama Leslie. Ella tiene veinticinco años y es una **joven graduada**. **Leslie está desempleada**. Ella vive con sus padres. A ella le encanta **pasar tiempo** con sus amigos. A ella le gusta **chismear con** un amigo. Ella también ama el **maquillaje.**

Cada mañana, Leslie se despierta a las diez en punto. Se prepara y sale de su casa. **Ella cierra la puerta**. Va al garaje de la casa. Se pone el **casco de su motocicleta**. Ella **arranca la moto** y se va.

Leslie tiene un trabajo temporal. Ella es una **camarera** en un pequeño restaurante. **Ella trabaja a tiempo parcial**. A las diez y veinte, llega al restaurante. Ella usa café y come **pan y mantequilla**. Luego se pone su **uniforme de camarera** y comienza a trabajar.

Quentin es un **cliente habitual** del restaurante. **Él corteja a Leslie**. Todos los días, Quentin le **da** a Leslie una **propina generosa**. La joven se siente **incómoda**.

A la una descansa unos quince minutos. **Ella toma un tentempié** y continúa sus servicios. **Leslie no come mucho**. Ella tiene miedo de **engordar**. **Ella es toda piel y huesos.**

A las seis en punto, Leslie termina sus servicios. A las seis y media, se reúne con sus amigas en un bar.

El viernes por la noche, Leslie y sus amigas salen y van a los **clubes nocturnos**. Ella regresa a la una de la mañana. A veces una amiga suya duerme en su casa. El sábado por la mañana, Leslie está **agotada**. **Ella duerme hasta tarde por la mañana.** Leslie se despierta alrededor del mediodía. Almuerza y por la tarde, ve telenovelas o va al cine con sus amigas.

La madre de Leslie y Aline se llama Stephy. Stephy es una **maestra** de escuela primaria. Stephy ama a los niños y su trabajo. Cada noche, ella prepara las clases para los niños para el día siguiente. Después de los exámenes, a veces se **va tarde a la cama. Ella corrige los exámenes de sus alumnos.** Stephy sabe todos los nombres de sus estudiantes. Los miércoles por la tarde, **no hay escuela. Ella tiene algo de tiempo libre.**

El marido de Stephy se llama Rob. **Rob trabaja en el campo informático**. Rob es un programador. Él trabaja en una oficina. **Siempre** está sentado frente a un **ordenador.** Él **escribe** líneas de código en el **teclado**. Rob también es responsable del mantenimiento de los ordenadores en su lugar de trabajo. Él es el un **ejecutivo de informática. Rob trabaja muchas horas extras**. Aline se da cuenta de que él **trabaja demasiado.** Aline teme que su padre **trabaje demasiado**.

История 5: Путешествия, Туризм и Отпуск

 Сейчас лето. Это **сезон отпусков**. **Николас планирует путешествие** со своей семьей. Он идет в **туристическое агентство**. **Турагент** приветствует его:

- Здравствуйте, сэр. Что я могу сделать для вас?
- Здравствуйте, я хотел бы **купить билеты на самолет** в Париж, пожалуйста.
- Когда вы уезжаете?
- **В следующую пятницу**.
- Сколько билетов вы хотите купить?
- Мне нужно четыре билета на самолет для двух взрослых и двух детей.

Николас получает билеты **и идет домой**. Он отправляет электронное письмо Сиду, чтобы подтвердить свой **рейс**. Сид – брат Николаса. Сид живет во Франции. Дети Николаса – Шанель и Чарли – счастливы. Это первый раз, когда они едут во Францию. Дженни – жена Николаса – благодарит его. **Она целует его в щеку**.

В четверг Дженни готовит **багаж**. Николас проверяет все паспорта. Он кладет свой паспорт и паспорта детей в **ручную кладь**.

В пятницу утром Дженни покупает маленький подарок для Мартина. Мартин – **племянник мужа.** Он – сын Сида.

В девятнадцать часов **Николас, Дженни и Эван –** их **водитель – загружают багаж в машину**. В девятнадцать тридцать все садятся в машину. Они уезжают в аэропорт. В восемь часов они прибывают на стоянку аэропорта. Николас кладет багаж в **тележку**.

Николас, Дженни и дети идут к **стойке регистрации**, чтобы **зарегистрироваться**. Паспорта и билеты проверены. **Чемоданы взвешены**. Затем багаж отправляется в **багажный отсек** самолета. **Каждый** берет свой **посадочный талон**. Николас и его семья направляются к **выходу на посадку**. Они проходят **таможню**.

Они ждут посадки в зале ожидания. В двадцать два тридцать **пассажиры садятся на борт**. В самолете **стюардессы** приветствуют пассажиров. **Стюардесса улыбается** Шанель и Чарли. Каждый садится на свое **место**. Пассажиры застегивают свои **ремни безопасности**. Самолет **взлетает**.

Самолет прибывает около семи часов утра. Самолет **приземляется**. Николас и его семья покидают самолет. Стюардессы приветствуют их во Франции. Николас и его семья берут свой багаж **в зоне получения багажа**. Сид едет, чтобы отвезти семью в аэропорт. Он рад видеть их снова. Шанель и Чарли не помнят своего дяди Сида. Николас представляет своего брата своим детям.

Багаж загружается в машину Сида. Через полчаса поездки они прибывают к Сиду. Дом Сида – хороший большой дом. Николас и его семья остаются в Париже на неделю. Они **остаются** с Сидом во время их пребывания в Париже. Синтия и Мартин приветствуют путешественников у **порога**. Синтия – жена Сида. Комната Николаса и Дженни находится на **первом этаже**. Комната Шанель и Чарли находится **рядом** с комнатой их родителей.

Синтия подает завтрак. Дети пьют горячий шоколад и едят круассаны. Взрослые пьют чай и едят сырный хлеб. Дети **наелись**. И они **устали** . Чарли засыпает на **диване** в **гостиной**. Дженни берет его на руки. Она относит его в свою комнату. Она кладет его на кровать. Дженни снимает обувь сына. Она **укрывает его простыней**. Шанель **зевает**. Она тоже хочет спать. Она идет в свою комнату и спит рядом с братом.

Их отец дремлет в **соседней комнате. Дженни принимает ванну** в **ванной. Синтия моет посуду. Сид идет на работу. Мартин играет в видеоигры.**

Дженни заканчивает принимать ванну и одевается удобно. Затем она сопровождает Синтию, чтобы **сделать покупки**. Две женщины рассказывают друг другу о своей жизни в качестве матерей. Через полтора часа **они возвращаются домой. Они готовят обед**.

Шанель и Чарли просыпаются. Чарли играет в видеоигры со своим двоюродным братом Мартином. Шанель тоже хочет поиграть с ними. Но Чарли отказывается играть с ней. Шанель настаивает, но два мальчика не знают этого. Шанель **опечалена**.

Она выходит на улицу и **входит** в большой **внутренний двор** дома. Она видит **бассейн** рядом с домом. Она спрашивает мать, можно ли ей **поплавать**. Но Дженни все еще **занята**. Шанель не может плавать одна **без присмотра**.

Шанель идет в гостиную. Она смотрит телевизор. **Маленькая девочка вздыхает. Ей скучно и она снова ложится спать.**

Неделю **Николас и его семья осматривают достопримечательности** в городе Париж.

Николас и его семья покупают **билеты на поезд** в город Марсель. **К сожалению**, они опоздали. **Они опаздывают на поезд**. Они садятся на следующий поезд. Через четыре часа они прибывают в Марсель. Они снимают **семейный номер** в отеле. Дети голодны. Николас заказывает еду.

На следующий день Николас и его семья навещают подругу Дженни. Ее зовут Беа. Муж Беи – Клод. Клод отсутствует. Он путешествует уже неделю. У Клода и Беи двое детей: девочка и мальчик. Марин и Стивен примерно того же возраста, что и Шанель и Чарли. Беа, Дженни и дети надевают **купальник**. Они идут на пляж.

Марин и Стивен строят замок из песка. Шанель наблюдает за Марин и Стивеном. **Они дразнят друг друга и**

веселятся. Шанель и его брат никогда не играют вместе. Их отношения так сильно отличаются от отношений между Марин и Стивеном. Марин и Стивен близки. Шанель и Чарли не близки. Стивен подходит к Шанель и говорит ей:

- Шанель, ты хочешь поиграть со мной и моей сестрой?
- Вы хотите, чтобы я поиграла с вами?
- **Ты рассиживаешь без дела, ничего не делая.**
- Я смотрю на тебя.
- Ты ребенок и ты на отдыхе. Ты должна веселиться. Наши мамы старые. Они сидят там и ничего не делают, потому что устали. Они предпочитают общаться. Иди и повеселись с нами.
- Хорошо!

Шанель рада найти новых друзей для игры.

Vocabulario

Сейчас лето	Es verano
Сезон отпусков	Temporada de vacaciones
Планировать путешествие (Николас планирует путешествие)	Planear un viaje (Nicolas planea un viaje)
Туристическое агентство	Agencia de viajes
Турагент	Agente de viajes
Купить билеты на самолет	Comprar unos billetes de avión
В следующую пятницу	El viernes que viene
Идти домой (он идет домой)	Irse a casa (se va a casa)
Рейс	Vuelo
Она целует его в щеку	Ella le da un beso en la mejilla
Багаж	Equipaje
Ручная кладь	Equipaje de mano
Племянник мужа	Sobrino de su marido
Загрузить багаж (Николас, Дженни и Эван загружают багаж)	Cargar el equipaje (Nicolas, Jenny y Evan cargan el equipaje)
Машина	Coche
Водитель	Conductor
Тележка	Carrito
Стойка регистрации	Mostrador de facturación
Регистрироваться	Registrarse
Чемодан	Maletas
Взвесить	Pesar
Багажный отсек	Bodega
Каждый	Todos

Посадочный талон	Tarjeta de embarque
Выход на посадку	Puerta de embarque
Таможня	Aduanas
Садится на борт (пассажиры садятся на борт)	Subir a bordo (los pasajeros suben a bordo)
Стюардессы	Auxiliar(es) de vuelo
Стюардесса улыбается	Una azafata sonríe
Место	Asiento
Ремень безопасности	Cinturón de seguridad
Взлететь	Despegar
Приземлиться	Aterrizar
Зона получения багажа	Reclamo de equipaje
Остаться	Se quedan
Порог	Puerta
Первый этаж	Primer piso
Рядом	Cerca de
Синтия подает завтрак	Cynthia sirve el desayuno
Дети пьют горячий шоколад	Los niños beben chocolate caliente
Наестся	Lleno(s)
Устать	Cansado(s)
Диван	Sofá
Гостиная	Salón
Укрыть	Cubre
Простынь	Sábana
Зевать	Bosteza
Их отец дремлет в соседней комнате	Su padre hace una siesta
Соседняя комната	Habitación contigua
Дженни принимает ванну	Jenny se baña
Ванная	Bañera
Синтия моет посуду	Cynthia lava los platos

Сид идет на работу	Sid va a trabajar
Мартин играет в видеоигры	Martin juega con videojuegos
Делать покупки	Hacer la compra
Они возвращаются домой	Vuelven a casa
Они готовят обед	Cocinan el almuerzo
Опечален	Entristece
Прогуляться	Camina
Внутренний двор	Patio
Бассейн	Piscina
Плавать	Nadar
Занят(-а)	Ocupada
Присмотр	Sin supervisión
Маленькая девочка вздыхает	La niña suspira
Ей скучно и она снова ложится спать	Está aburrida y se queda dormida otra vez
Осматривать достопримечательности (Николас и его семья осматривают достопримечательности)	Visitar (Nicolas y su familia visitan)
Билеты на поезд	Billetes de tren
К сожалению	Lamentablemente
Они опаздывают на поезд	Pierden el tren
Семейный номер	Habitación familiar
Купальник	Traje de baño
Марин и Стивен строят замок из песка	Marine y Steven construyen un castillo de arena
Дразнить друг друга (они дразнят друг друга)	Tomarse el pelo (se toman el pelo)
Ты рассиживаешь без дела, ничего не делая.	Sigues estando sentada sin hacer nada

Historia 5: Viajes, turismo y vacaciones.

Es verano. Es la **temporada de vacaciones. Nicolas planea un viaje** con su familia. Él va a la **agencia de viajes.** Un **agente de viajes** le da la bienvenida:

- Hola señor. ¿Qué puedo hacer por usted?

- Hola, me gustaría **comprar unos billetes de avión** para viajar a París, por favor.

- ¿Cuándo se va?

- **El viernes que viene.**

- ¿Cuántos necesita?

- Necesito cuatro billetes, dos para adultos y dos para niños.

Nicolas consigue los billetes y **se va a casa.** Él envía un correo electrónico a Sid para confirmar su **vuelo.** Sid es el hermano de Nicolas. Sid vive en Francia. Los hijos de Nicolas, Chanel y Charlie, están felices. Esta es la primera vez que van a Francia. Jenny, la esposa de Nicolas, está muy agradecida. **Ella le da un beso en la mejilla.**

El jueves, Jenny prepara el **equipaje.** Nicolas revisa los pasaportes de todos. Él pone su pasaporte y los pasaportes de los niños en su **equipaje de mano.**

El viernes por la mañana, Jenny compra un pequeño regalo para Martin. Martin es el **sobrino de su marido.** Él es el hijo de Sid.

A las siete en punto de la tarde, **Nicolas, Jenny y Evan,** su **conductor, cargan el equipaje** en el **coche.** A las siete y media, todos suben al coche. Se van al aeropuerto. A las ocho en punto, llegan al estacionamiento del aeropuerto. Nicolas pone el equipaje en un **carrito.**

Nicolas, Jenny y los niños van al **mostrador de facturación** para **registrarse**. Se verifican los pasaportes y entradas. Las **maletas** se **pesan**. Luego el equipaje es enviado a la **bodega** desde el avión. **Todos** toman su **tarjeta de embarque**. Nicolas y su familia se dirigen a su **puerta de embarque.** Pasan las **aduanas.**

Esperan la hora de embarque en la sala de espera. A las diez y media, **los pasajeros suben a bordo.** En el avión, **los auxiliares de vuelo** saludan a los pasajeros. Una **azafata sonríe** a Chanel y Charlie. Todos se sientan en su **asiento.** Los pasajeros se abrochan el **cinturón de seguridad.** El avión **despega.**

El avión llega aproximadamente a las siete de la mañana. El avión **aterriza.** Nicolas y su familia salen del avión. Los asistentes de vuelo les dan la bienvenida a Francia. Nicolas y su familia sacan su equipaje del **reclamo de equipaje.** Sid va a recogerlos al aeropuerto. Él está feliz de verlos de nuevo. Chanel y Charlie no recuerdan a su tío Sid. Nicolas presenta a su hermano a sus hijos.

Cargan el equipaje en el coche de Sid. Después de media hora en coche, llegan a casa de Sid. La casa de Sid es grande y bonita. Nicolas y su familia se quedan en París por una semana. Se **quedan** con Sid durante su estancia en París. Cynthia y Martin saludan a los viajeros en la **puerta.** Cynthia es la esposa de Sid. La habitación de Nicholas y Jenny está en el **primer piso**. La habitación de Chanel y Charlie está **cerca de** la habitación de sus padres.

Cynthia sirve el desayuno. Los niños beben chocolate caliente y comen croissants. Los adultos beben té y comen pan de queso. Los niños están **llenos** y **cansados.** Charlie se queda dormido en el **sofá** del **salón.** Jenny lo toma en sus brazos y lo lleva a su habitación. Ella lo pone en la cama. Jenny le quita los zapatos a su hijo. Ella lo **cubre** con una **sábana.** Chanel **bosteza.** Ella también quiere dormir. Sube a su habitación y duerme cerca de su hermano.

Su padre hace una siesta en la **habitación contigua. Jenny se baña** en la **bañera. Cynthia lava los platos. Sid va a trabajar. Martin juega con videojuegos.**

Jenny termina su baño y se viste cómodamente. Luego acompaña a Cynthia **para hacer la compra.** Las dos mujeres se cuentan sus vidas como madres. Una hora y media después, **vuelven a casa y cocinan el almuerzo.**

Chanel y Charlie se despiertan. Charlie juega con los videojuegos con su primo Martin. Chanel también quiere jugar con ellos. Pero Charlie se niega. Chanel insiste pero los dos chicos no quieren. Chanel se **entristece.**

Sale y **camina** por el gran **patio** de la casa. Ella ve la **piscina** de la casa. Ella le pregunta a su madre si puede **nadar.** Pero Jenny todavía está **ocupada.** Chanel no puede nadar sola **sin supervisión.**

Chanel va a la sala de estar. Mira la televisión. **La niña suspira. Está aburrida y se queda dormida otra vez.**

Durante una semana, **Nicolas y su familia visitan** la ciudad de París.

Nicolas y su familia compran **billetes de tren** para la ciudad de Marsella. **Lamentablemente,** retrasan. **Pierden el tren.** Toman el siguiente tren. Cuatro horas más tarde, llegan a Marsella. Alquilan una **habitación familiar** en un hotel. Los niños tienen hambre. Nicolas pide la comida.

El día siguiente, Nicolas y su familia visitan a una amiga de Jenny che se llama Bea. El marido de Bea se llama Claude. Claude está ausente. Lleva una semana viajando. Claude y Bea tienen dos hijos: una niña y un niño. Marine y Steven tienen aproximadamente la misma edad que Chanel y Charlie. Bea, Jenny y los niños se ponen su **traje de baño.** Ellos van a la playa.

Marine y Steven construyen un castillo de arena. Chanel observa a Marine y Steven. **Se toman el pelo mutuamente** y se divierten mucho. Chanel y su hermano nunca juegan juntos. Su relación es muy diferente de la relación entre Marine y Steven. Marine y Steven están cerca. Chanel y Charlie no tienen una relación muy estrecha. Steven se acerca a Chanel y le habla:

- Chanel, ¿quieres jugar con mi hermana y conmigo?

- ¿Quieres que juegue contigo?

- Pues, **sigues estando sentada sin hacer nada.**

- Te estoy mirando.

- Eres una niña y estás de vacaciones. Se supone que debes divertirte. Nuestras mamás son viejas. Están sentadas allí sin hacer nada porque están cansadas. Prefieren charlar. Ven y disfruta con nosotros.

- ¡Bueno!

Chanel está feliz de encontrar nuevos amigos para jugar.

История 6: Профессии

Джулия работает **горничной** в доме. Каждое утро, с понедельника по субботу, она начинает работу в семь тридцать. Она готовит семейный завтрак. Она наливает воду в **кастрюлю**. Она зажигает **газовую плиту, чтобы нагреть** воду. Она покупает хлеб и булочки. По ее возвращению **вода кипит**. Джулия заваривает чай. Затем она наливает чай в термос. Она нагревает **молоко**.

Джулия накрывает на стол. Она кладет на стол хлеб, масло, **сахар**, банку с **вареньем**, булочки, чай, молоко и **корзину с фруктами**. **В корзине с фруктами содержатся** бананы, **виноград** и **яблоки**. Она ставит **блюдца** на стол. Она ставит **чашки** на блюдца. Она кладет **салфетки** рядом с чашками. Затем она кладет **ложки, вилки** и **ножи** на салфетки. Завтрак подается.

Семья завтракает. Взрослые идут на работу, дети идут в школу, а молодые люди идут учиться. **Джулия убирает со стола** и моет посуду.

Джулия делает покупки. Она покупает огурцы, помидоры, уксус, **зубчик чеснока,** кукурузу, **растительное масло, колбасные изделия**, сыр, лимон, макароны и **соль**. Джулия нарезает сыр, колбасные изделия и **овощи** маленькими кубиками. Она **крошит зубчик чеснока**. Она готовит пасту. Она приготавливает приправу из уксуса и оливкового масла. **Джулия смешивает** все в **салатнице**. Она кладет салат с пастой в **холодильник**. Джулия делает **лимонный сок**. Она ставит сок в холодильник.

Она убирает полы в комнатах дома при помощи **метлы**. После этого **она пылесосит. Она протирает пыль** на **мебели. Она заправляет кровать** в детской комнате. Она моет **раковину**, ванную и зеркало для душа. Она моет унитаз. Она моет **плитку в зимнем саду. Она поливает растения** и моет **оконные стекла** дома. Затем Джулия моет руки.

В одиннадцать тридцать **Джулия накрывает на стол.** Дети прибывают в дом около полудня. Они едят салат с пастой, приготовленный Джулией. Затем они возвращаются в школу. Джулия убирает со стола и моет посуду.

Во второй половине дня, **Джулия стирает вещи** в **стиральной машине**. Затем **она вывешивает белье. Она гладит сухую** одежду. Джулия возвращается домой в четыре часа.

Джулия годами была **вдовой.** Она не замужем и у нее нет детей. Но у нее есть племянница. Ее зовут Кэти. Кэти живет с Джулией. Кэти была сиротой с подросткового возраста. Она обаятельная, умная и добрая. Она любит Джулию как мать. Две женщины очень близки.

Кэти работает **исполнительным секретарем.** С понедельника по пятницу она просыпается в шесть тридцать. Она готовится и прибывает на работу в семь пятьдесят. Ее начальник – Джордж – всегда приходит в **офис** около девяти тридцати утра. Джордж является **менеджером** компании. Когда он приходит в офис, Кэти готовит ему кофе. Иногда Джордж ест кекс с кофе.

Затем Кэти напоминает ему о задачах, которые необходимо выполнить в течение дня. Кэти планирует задачи. Она организовывает встречи. **Она делает записи** во время **встреч** Джорджа с коллегами или партнерами компании. Тогда **она пишет отчет** о встречах. Когда Джордж отправляется в **командировку, он записывает** встречи на свой смартфон. Джордж отправляет аудио файлы по **электронной почте.** Кэти получает их. Затем она делает транскрипцию **файлов.** Она слушает встречи и пишет отчеты.

Кэти отвечает на **телефонные звонки.** Она записывает имена и сообщения звонящих людей. Кэти также связывается с клиентами.

Кэти ответственная за все административные задачи. Джордж доволен услугами Кэти. Кэти ответственная, серьезная, опытная и имеет отличные **навыки слушания**. Она часто получает **премию** за качество своей работы. После двух лет службы **с** компанией, Кэти получает **повышение заработной платы**.

Чтобы отпраздновать ее продвижение по службе, Кэти приглашает тетю Джулию поужинать в ресторане. Кэти также покупает новые **туфли на каблуках** и красивое **вечернее платье**. Джулия благодарит ее за ее щедрость. На следующей неделе Джулия готовит любимое блюдо Кэти, чтобы поблагодарить ее. Джулия желает ей всяческих успехов в ее карьере.

Брата Джорджа зовут Джерард. Джерард – доктор. Каждое утро он просыпается **рано**. Он собирается и уходит на работу. У Джерарда есть собственный **медицинский кабинет.** Он **осматривает** пациентов. Он выписывает **рецепт**. Пациенты платят **плату** за медицинские консультации.

Пациенты покупают лекарства в **аптеке**.

Лилли – **медсестра**. Она помогает доктору Джерарду.

Vocabulario

Профессия(-и)	Trabajo(s)
Горничная	Empleada doméstica
Кастрюля	Cacerola
Газовая плита	Hornillo de gas
Нагреть	Calentar
Вода кипит	El agua está hirviendo
Молоко	Leche
Джулия накрывает на стол	Julia pone la mesa
Сахар	Azúcar
Варенье	Mermelada
Содержать (в корзине с фруктами содержатся...)	Contener (la cesta de frutas contiene...)
Виноград	Uvas
Яблоко(-и)	Manzana(s)
Блюдце(-а)	Platillo(s)
Чашка(-и)	Taza(s)
Салфетка(-и)	Servilleta(s)
Ложки	Cucharas
Вилки	Tenedores
Нож(-и)	Cuchillos/cuchillo
Джулия убирает со стола	Julia quita la mesa
Зубчик чеснока	Diente de ajo
Растительное масло	Aceite
Мясо	Carne
Колбасные изделия	Embutidos
Соль	Sal
Овощ(-и)	Verduras
Она крошит зубчик чеснока	Ella corta el diente de ajo
Смешивать (Джулия смешивает...)	Mezclar (Julia lo mezcla)

Салатница	Ensaladera
Холодильник	Nevera
Лимонный сок	Zumo de limón
Убирать (она убирает)	Limpiar (ella limpia)
Пол	Piso
Комната(-ы)	Habitación/habitaciones
Метла	Escoba
Она пылесосит	Pasa la aspiradora
Протирать (она протирает…)	Desempolvorar (desempolvora)
Мебель	Muebles
Она заправляет кровать	Hace la cama
Раковина	Lavabo
Плитка(-и)	Azulejos
Зимний сад	Terraza interior
Она поливает растения	Riega las plantas
Оконное(-ые) стекло(-а)	Cristales de las ventanas
Джулия накрывает на стол	Julia pone la mesa
Стирать вещи (Джулия стирает вещи)	Hacer la colada (Julia hace la colada)
Стиральная машина	Lavadora
Она вывешивает белье	Cuelga la ropa
Она гладит	Plancha
Сухой	Seca
Вдова	Viuda
Исполнительный секретарь	Secretaria ejecutiva
Офис	Oficina
Менеджер	Gerente
Она делает записи	Toma notas
Встреча(-и)	Reunión/reuniones
Она записывает	Escribe
Отчет	Informe
Командировка	Viaje de negocios

Он записывает	Graba
Электронная почта	Correo electrónico
Файл(ы)	Archivo(s)
Телефонный(-е) звонок(-ки)	Llamada(s) telefónica(s)
Навыки слушания	Habilidades para escuchar
Премия	Bonificación
С	En
Повышение заработной платы	Aumento de sueldo
Туфли на каблуке	Tacones
Вечернее платье	Vestido de noche
Рано	Temprano
Медицинский кабинет	Consultorio médico
Осматривать (он осматривает…)	Examinar (él examina)
Рецепт	Receta
Плата	Tarifa
Аптека	Farmacia
Медсестра	Enfermera

Historia 6: Los trabajos

Julia trabaja como **empleada doméstica** en una casa. Cada mañana, de lunes a sábado, empieza a trabajar a las siete y media. Ella prepara el desayuno para la familia. Pone agua en una **cacerola**. Enciende el **hornillo de gas para calentar** el agua. Ella compra pan y bollos. A su regreso, **el agua está hirviendo**. Julia hace té. Luego ella pone el té en un termo. Ella está calentando la **leche**.

Julia pone la mesa. Pone pan, mantequilla, **azúcar**, un tarro de **mermelada**, bollos, té, leche y una **cesta de frutas** sobre la mesa. **La cesta de frutas contiene** plátanos, **uvas** y **manzanas**. Ella coloca los **platillos** sobre la mesa. Pone las **tazas** en los platillos. Coloca las **servilletas** cerca de las tazas. Luego coloca **cucharas, tenedores** y **cuchillos** en las servilletas. El desayuno esta listo.

La familia desayuna. Los adultos van al trabajo, los niños van a la escuela y los jóvenes van a estudiar. **Julia quita la mesa** y frega los platos.

Julia hace las compras. Ella compra pepino, tomate, vinagre, **dientes de ajo,** maíz, **aceite, embutidos,** queso, limón, pasta y **sal**. Julia corta el queso, los embutidos y las **verduras** en cubitos. Ella **corta el diente de ajo.** Cocina la pasta. Prepara una salsa de vinagreta. **Julia lo mezcla** todo en una **ensaladera**. Pone la ensalada de pasta en la **nevera**. Julia hace **zumo de limón** y lo pone la nevera.

Ella limpia el **piso** de las **habitaciones** de la casa con una **escoba**. Luego **pasa la aspiradora**. **Desempolvora** los **muebles**. Hace la **cama** en la habitación del niño. Está lavando el **lavabo**, la bañera y el cristal de la ducha. Está lavando el inodoro. Ella está lavando los **azulejos** de la **terraza interior**. **Riega las plantas** y lava los **cristales de las ventanas** de la casa. Entonces Julia se lava las manos.

A las once y media, **Julia pone la mesa**. Los niños llegan a casa alrededor del mediodía. Comen la ensalada de pasta preparada por

Julia. Luego vuelven a la escuela. Julia limpia la mesa y lava los platos.

Por la tarde, **Julia hace la colada** con **la lavadora**. Luego **cuelga la ropa**. **Plancha** la ropa **seca**. Julia vuelve a casa a las cuatro en punto.

Julia ha sido **viuda** durante años. Ella no está casada y no tiene hijos. Pero tiene una sobrina. Su nombre es Cathy. Cathy vive con Julia. Cathy ha sido huérfana desde que era una adolescente. Ella es encantadora, inteligente y amable. Ella ama a Julia como si fuese su madre. Las dos mujeres son muy cercanas.

Cathy trabaja como **secretaria ejecutiva**. De lunes a viernes, se levanta a las seis y media. Se prepara y llega al trabajo a las siete y cincuenta. Su jefe, George, siempre llega a la **oficina** alrededor de las nueve y media de la mañana. George es el **gerente** de la empresa. Cuando ella llega a la oficina, Cathy le prepara un café. A veces George come un panecillo con su café.

Entonces Cathy le recuerda las tareas del día. Cathy planea las tareas. Ella organiza las reuniones. **Toma notas** durante las **reuniones** de George con colegas o socios de la empresa. Luego **escribe** el **informe** de las reuniones. Cuando George se va de **viaje de negocios**, **graba** las reuniones con su teléfono inteligente. George envía los archivos de audio por **correo electrónico.** Cathy los recibe. Entonces ella hace la transcripción de los **archivos**. Escucha reuniones y escribe informes.

Cathy contesta las **llamadas telefónicas**. Ella registra los nombres y mensajes de las personas que llaman. Cathy también contacta a los clientes.

Cathy es responsable de todas las tareas administrativas. George está satisfecho con los servicios de Cathy. Cathy es responsable, seria, hábil y tiene excelentes **habilidades para escuchar**. Con frecuencia recibe una **bonificación** por la calidad de su trabajo. Después de dos años de servicio **en** la empresa, Cathy recibe un **aumento de sueldo**.

Para celebrar su promoción, Cathy invita a su tía Julia a cenar en el restaurante. Cathy también compra **tacones** nuevos y un hermoso **vestido de noche**. Julia le agradece por su generosidad. La semana siguiente, Julia prepara el plato favorito de Cathy para agradecerle. Julia le desea todo el éxito en su carrera.

El nombre del hermano de George es Gerard. Gerard es un doctor. Cada mañana, se despierta **temprano**. Se prepara y se va a trabajar. Gerard tiene su propio **consultorio médico**. **Él examin**a a los pacientes. Escribe la **receta**. Los pacientes pagan la **tarifa** de consulta médica.

Los pacientes compran los medicamentos en la **farmacia**.

Lilly es una **enfermera**. Ella está ayudando al Dr. Gerard.

История 7: Свадьба

Адам и Барбара были вместе в течение шести лет. В день рождения Барбары Адам приглашает ее на ужин к себе домой. В **конце** ужина **Адам просит ее руки**. **Барбара и Адам обручаются**. **Барбара сообщает новость** своей семье.

Адам и Барбара готовят свою **свадьбу**. **Они назначили дату** для **свадебной** церемонии: они выбирают день годовщины их **первой встречи**. Адам и Барбара подсчитывают свадебный бюджет. **Они хотят, чтобы в их большой день все было идеально.**

Адам и Барбара перечисляют приготовления к свадьбе :

- **Свадебное платье**
- **Прическа** и аксессуары невесты: **фата**, туфли, макияж и **ювелирные украшения** невесты
- **Костюм** жениха
- **Обручальные кольца**
- **Организатор свадеб**
- **Свадебные свидетели** невесты и свидетели жениха
- Платья **подружек невесты**
- Костюмы **шаферов**
- **Список гостей**
- **Пригласительные билеты**
- Транспорт
- **Букет невесты** и **цветы**
- **Свадебная церемония**
- Украшение часовни
- **Свадебное угощение**
- **Напитки**
- **Свадебный торт**
- **Фигурка пары**
- **Приёмный зал**
- Украшение комнаты
- **План рассадки гостей**
- Оркестр и ведущий программы для анимации
- Вступительная песня

- Вступительный танец
- Фотограф и оператор

Адам и Барбара начинают **приготовления перед свадьбой**. Барбара нанимает Сьюзи в качестве организатора свадеб.

Портной делает свадебное платье Барбары. Портной – Брук. Барбара показывает ему модель платья.

Адам просит своего кузена Ричарда быть его свидетелем. Шаферы – младший брат Адама и его двоюродный брат. Подружка невесты – две младшие сестры Барбары. Аделина – тетя Барбары – ее свидетельница.

Барбара пишет текст приглашения на свадьбу:

«Адам и Барбара рады пригласить вас на свою свадебную церемонию в субботу, 21 февраля 2009 года, в 11 часов утра в часовне Святого Иоанна. Мы рады пригласить вас на обед в «Espace des Colombes» после церемонии.

Благодарим Вас за подтверждение своего присутствия до 15-го февраля».

Барбара дает текст Сьюзи. Сьюзи **напечатала объявление о свадьбе**. Сьюзи пишет имена гостей на пригласительных билетах. Барбара отправляет приглашения **гостям**.

Адам и Барбара берут уроки танцев для своей свадьбы.

В день своей свадьбы Барбара просыпается в шесть утра. **Она принимает хорошую ванну.** К ней приезжают **визажист** и **парикмахер**.

Барбара выходит из ванной и высыхает. Она готовится. Она надевает свое белое платье. Визажист начинает делать макияж. Парикмахер укладывает волосы. Барбара надевает ожерелье и **серьги**. В девять часов Барбара готова. Фотограф делает фотографии прекрасной невесты. Карета невесты проезжает мимо Барбары в девять тридцать. Она прибывает в **церковь** в десять тридцать. Гости **понемногу** заполняют **скамейки** церкви.

В десять пятьдесят, Адам **стоит** перед **алтарем**. В одиннадцать часов органист играет мелодию. Шаферы и подружки невесты делают свой вход. Тогда публика встает. Невеста входит. Ее отец сопровождает ее к алтарю. Барбара присоединяется к своему будущему мужу перед алтарем. Аудитория садится. Священник начинает церемонию.

Адам и Барбара теперь муж и жена. Органист играет **Свадебный марш**. Молодожены покидают церковь. Гости поздравляют их.

Молодожены и гости прибывают в «Espace des Colombes» около двенадцати тридцати. Гости смотрят на план рассадки и садятся. Адам и Барбара танцуют на вступительной песне своей свадьбы. Вступительная песня воспроизводится во второй раз. Гости танцуют с женихом и невестой.

Около четырех часов жених и невеста разрезают торт. Они открывают **бутылку шампанского**. Гости аплодируют. Адам и Барбара фотографируются с группами гостей.

Около семнадцати тридцати **невеста бросает букет**. Тетя Адама ловит букет. Гости дарят свадебные подарки молодоженам. Вечеринка заканчивается около девятнадцати часов. Гости желают хорошей и счастливой семейной жизни Барбаре и Адаму. Молодожены проводят свою **брачную ночь** в гостиничном номере. Они начинают новый **этап** своей жизни.

На следующий день они отправляются в **свадебное путешествие**. Они летят на **Маврикий**. Они арендуют **номер для новобрачных** в **роскошном отеле**.

Барбара **загорает** на **пляже**. Она засыпает. **Адам плавает в море**.

Молодожены встречают еще одну пару: Мишель и Джессику. Мишель и Джессика тоже на медовом месяце. Джессика – бывшая сокурсница Барбары. Обе пары живут в одном отеле. **Майкл и Адам знакомятся.** Джессика и Барбара делятся воспоминаниями о колледже.

Вечером две пары ужинают вместе. **Они хорошо проводят время**.

Vocabulario

Адам и Барбара были вместе в течение шести лет	Adam y Barbara han estado juntos por seis años
Конец	Final
Адам просит ее руки	Adam le pide la mano
Барбара и Адам обручаются	Adam y Barbara se comprometen
Сообщить новость (Барбара сообщает новость)	Dar la noticia (Barbara le da la noticia)
Свадьба	Boda
Они назначили дату	Establecen una fecha
Первая встреча	Primer encuentro
Они хотят, чтобы в их большой день все было идеально	Quieren que todo sea perfecto en su gran día
Свадебное платье	Vestido de novia
Прическа	Peinado
Фата	Velo
Ювелирные украшения	Joyería
Костюм	Traje
Обручальные кольца	Anillos de boda
Организатор свадеб	Coordinador de bodas
Свадебные свидетели	Testigos de boda
Подружки невесты	Damas de honor
Шафер(-ы)	Padrinos
Список гостей	Lista de invitados
Пригласительные билеты	Tarjetas de invitación
Букет невесты	El ramo de la novia
Цветы	Flores
Свадебная церемония	La ceremonia de boda
Свадебное угощение	El desayuno de la boda
Напитка	Bebidas

Свадебный торт	Tarta nupcial
Фигурка пары	Estatuillas de la pareja
Приёмный зал	Sala de recepción
План рассадки гостей	Tabla de asientos
Приготовления перед свадьбой	Preparativos antes de la boda
Портной делает свадебное платье	Una modista hace el vestido de novia
Печатать	Imprime
Объявление о свадьбе	Anuncio de la boda
Гости	Invitados
Она принимает хорошую ванну	Ella se baña
Визажист	Maquilladora
Парикмахер	Peluquera
Серьги	Pendientes
Церковь	Iglesia
Скамья/скамейки	Banco(s)
Понемногу	Poco a poco
Стоять	De pie
Алтарь	Altar
Свадебный марш	Marcha nupcial
Молодожены	Los recién casados
Бутылка шампанского	Botella de champán
Невеста бросает букет	La novia arroja el ramo
Брачная ночь	Noche de bodas
Этап	Etapa
Свадебное путешествие	Luna de miel
Маврикий	Mauricio
Номер для новобрачных	Suite nupcial
Роскошный отель	Hotel de lujo
Загар	Morena
Пляж	Playa
Адам плавает в море	Adam nada en el mar

Майкл и Адам знакомятся

Они хорошо проводят время

`4

Michael y Adam se conocen

Se la pasan muy bien

Historia 7: Boda

Adam y Barbara han estado juntos por seis años. Para el cumpleaños de Barbara, Adam la invita a cenar a su casa. Al **final** de la cena, **Adam le pide la mano. Barbara y Adam se comprometen. Barbara le da la noticia** a su familia.

Adam y Barbara están preparando su **boda. Establecen una fecha** para la ceremonia de **boda**: eligen el día del aniversario de su **primer encuentro.** Adam y Barbara calculan el presupuesto de la boda. **Quieren que todo sea perfecto en su gran día.**

Adam y Barbara enumeran los preparativos para la boda:

- El **vestido de novia**
- El **peinado** y los complementos de la novia: **velo**, zapatos, maquillaje y **joyería** de la novia
- El **traje** del novio
- Los **anillos de boda**
- El **coordinador de bodas**
- Los **testigos de boda** de la novia y los testigos del novio
- Los vestidos de las **damas de honor**
- Los trajes de los **padrinos**
- La **lista de invitados**
- Las **tarjetas de invitación**
- El transporte
- El **ramo de la novia** y las **flores**
- La **ceremonia de boda**
- La decoración de la capilla
- El **desayuno de la boda**
- Las **bebidas**
- La **tarta nupcial**
- La **estatuilla de la pareja**
- La **sala de recepción**
- La decoración de la habitación
- La **tabla de asientos**
- La orquesta y el disc jockey para la animación

- La canción de apertura
- El baile de apertura
- El fotógrafo y el camarógrafo

Adam y Barbara comienzan los **preparativos antes de la boda**. Barbara contrata a Suzie como coordinadora de bodas.

Una modista hace el **vestido de novia** de Bárbara. La modista es Brooke. Barbara le muestra el modelo del vestido.

Adam le pide a su primo Richard que sea su testigo. Los padrinos de boda son el hermano pequeño y el primo de Adán. Las damas de honor son las dos hermanas menores de Barbara. Adeline, la tía de Barbara, es la testigo de su boda.

Barbara escribe el texto de invitación para la boda:

"Adam y Barbara se complacen en invitarles a su ceremonia de boda el sábado 21 de febrero de 2009 a las 11:00 en la Capilla Saint John. Nos complace invitarles a almorzar en el Espace des Colombes después de la ceremonia.

Les agradeceríamos si pudieran confirmar su presencia antes del 15 de febrero ".

Barbara le da el texto a Suzie. Suzie **imprime** el **anuncio de la boda**. Suzie escribe los nombres de los invitados en las tarjetas de invitación. Barbara envía las invitaciones a los **invitados**.

Adam y Barbara toman clases de baile para su boda.

El día de su boda, Barbara se despierta a las seis de la mañana. **Ella se baña**. La **maquilladora** y la **peluquera** llegan a su casa.

Bárbara sale de su baño y se seca. Se prepara. Se pone su vestido blanco. La maquilladora empieza a maquillarle. La peluquera arregla su cabello. Barbara se pone el collar y los **pendientes**. A las nueve en punto Barbara está lista. El fotógrafo saca fotos de la bella novia. El carruaje de la novia pasa a recoger a Barbara a las nueve y media. Ella llega a la **iglesia** a las diez y media. Los invitados llenan los **bancos** de la iglesia **poco a poco.**

A las diez y cincuenta, Adam está **de pie** frente al **altar**. A las once en punto, el organista toca una melodía. Los padrinos de boda y las damas de honor hacen su entrada. Entonces la audiencia se levanta. La novia está entrando. Su padre la acompaña al altar. Barbara se une a su futuro esposo frente al altar. El público se sienta. El cura comienza la ceremonia.

Adam y Barbara ahora son marido y mujer. El organista interpreta la **marcha nupcial**. Los recién casados salen de la iglesia. Los invitados los felicitan.

Los recién casados y los invitados llegan al Espace des Colombes alrededor de las doce y media. Los invitados miran la tabla de asientos y se sientan. Adam y Barbara bailan en la canción de apertura de su boda. La canción de apertura se reproduce una segunda vez. Los invitados bailan con los novios.

Alrededor de las cuatro en punto, la novia y el novio cortan la tarta. Abren una **botella de champán.** Los invitados aplauden. Adam y Barbara toman fotos con los grupos invitados.

Alrededor de los diecisiete treinta, **la novia arroja el ramo**. Una tía de Adán atrapa el ramo. Los invitados entregan los regalos de boda a los recién casados. La fiesta termina alrededor de las diecinueve. Los invitados desean una buena y feliz vida matrimonial a Barbara y Adam. Los recién casados pasan la **noche de bodas** en una habitación del hotel. Comienzan una nueva **etapa** en sus vidas.

Al día siguiente, se van de **luna de miel**. Ellos vuelan a **Mauricio**. Alquilan la **suite nupcial** de un **hotel de lujo**.

Barbara se pone **morena** en la **playa**. Se duerme. **Adam nada en el mar**.

Los recién casados se encuentran con otra pareja: Michel y Jessica. Michel y Jessica también están en su luna de miel. Jessica es una vieja compañera de clase de Barbara. Ambas parejas viven en el mismo hotel. **Michael y Adam se conocen**. Jessica y Barbara comparten recuerdos del colegio.

Por la noche, las dos parejas cenan juntas. **Se la pasan muy bien**.

История 8: Корреспонденты

Учитель французского языка Джуди рассказывает ей **координаты** молодой девушки. Эта девушка живет за границей. Ее зовут Фабьен. Джуди посылает ей первое письмо:

"Марсель, 14 января 2002 г.

Привет Фабьен,

Меня зовут Джуди. Я хотела бы переписываться с тобой. Я восемнадцатилетняя девушка. Я живу во Франции. Я хотела бы встретиться с тобой.

Джуди Ларош."

Через несколько дней Джуди получает ответ от Фабьен.

"Антананариву, 22 января 2002 г.

Привет, Джуди,

*Я получила твое письмо. **Я очень рада с тобой познакомиться**. И я счастлива быть твоим корреспондентом. Я желаю тебе счастливого нового года. Позволь представиться, меня зовут Фабьен, мне девятнадцать лет. **Я новичок на факультете искусств**. **Я изучаю английский в университете**. **В следующий раз я напишу письмо подлиннее. **Я должна идти в класс**.*

С нетерпением жду твоего ответа,

Твоя новая подруга, Фабьен."

"Марсель, 1 февраля 2002 г.

Привет, Фабьен,

***Твое письмо вызывает у меня улыбку**. Я благодарю тебя. **Кажется, что ты отличная девушка**. Позволь мне представиться. Как ты знаешь, меня зовут Джуди. Я в первом классе в старшей школе. И* я живу с родителями. У меня есть старший брат. Его зовут Денис, и мы очень близки. Денис окончил среднюю школу в прошлом году. Я не знаю, какую **основную дисциплину** он выберет. В данный момент он посещает **кулинарные курсы** . Он талантливый. **Денис – хороший повар.** Мы любим готовить блюда вместе. Мой брат готовит еду дома. И я помогаю ему. А у тебя есть братья и сестры? Ты близка с ними?

Хорошего дня,

Джуди."

"Антананариву, 11 февраля 2002 г.

Привет, Джуди!

Да, у меня есть маленький брат. Его зовут Натан. Ему восемь лет, и он в начальной школе. Он любит футбол. **Он немного неуправляем.** Я не провожу много времени с Натаном. **Как видишь, нас разделяют одиннадцать лет.** Но он **мне нравится. Я забочусь о нем,** когда родителей нет дома. Ты очень любишь своего брата. Ты много говоришь о нем. Мне нравятся твои отношения с братом. Кроме того, он любит готовить для своей семьи. А у тебя какая страсть? Расскажи мне немного больше о себе.

Фабьен."

"Марсель, 16 февраля 2002 г.

Привет, Фабьен,

Моя страсть? Я не знаю... **На данный момент** моя **цель** состоит в том, чтобы **закончить старшую школу.** Ты знаешь, я дважды проходила один курс в средней школе и один раз в старшей школе. Я не пренебрегаю учебой. **Я просто должна** много работать, чтобы преуспеть в учебе.

*До скорого. Сейчас восемнадцать часов дома. **Я иду спать. Я плохо себя чувствую. У меня грипп. Моя мама отвезет меня к врачу завтра. К счастью,** сегодня пятница. **Я могу отдохнуть.***

Джуди."

"Антананариву, 25 февраля 2002 г.

Привет, Джуди,

***Я надеюсь, что ты скоро поправишься.** Это 25 февраля. Я надеюсь, что с момента последнего письма ты вылечилась. **Пожелай мне удачи.** Я готовлюсь к экзаменам прямо сейчас.*

До скорого,

Фабьен."

"Париж, 1 марта 2002 г.

Привет, Фабьен,

*Да, я уже вылечилась. Сейчас праздники. Я пишу тебе из города Париж. Я посещаю мою кузину Мелани. Она живет в Париже. **Она снимает квартиру.** И она изучает английский язык, как и ты. Я возвращаюсь в Марсель 7 марта. У меня еще много домашних заданий на каникулы, чтобы закончить учебный год. Удачи на экзаменах!*

Джуди."

"Марсель, 15 апреля 2002 г.

Привет, Фабьен,

*Прошло много времени с тех пор, как ты написала. Надеюсь ты в порядке. Я посылаю тебе это письмо, чтобы **спросить о тебе.***

Джуди."

" Антананариву, 23 апреля 2002 г.

Привет, Джуди,

Я прошу прощения за это длительное молчание. В последнее время **я не в настроении писать**. Произошло неприятное событие. Старший брат моего отца **умер**. Он был моим любимым дядей. Я была очень занят **похоронами**. Вместе с этим, я также сдавала экзамены. В любом случае, я благодарю тебе за твое письмо. **Спасибо за беспокойство обо мне. Это заставляет мое сердце чувствовать тепло**. Ты действительно друг. Надеюсь ты в порядке.

Обнимаю,

Фабьен."

"Марсель, 27 апреля 2002 г.

Дорогая Фабьен,

Я посылаю свои искренние соболезнования тебе и твоей семье. **У меня завтра экзамен по математике**. Я пересматриваю. Денис отсутствует. **Я скучаю по нему**. В доме немного тихо. Ты сдала свои экзамены?

До скорого!

Джуди."

"Антананариву, 1 мая 2002 г.

Дорогая Джуди,

Сегодня **День труда**. Я беру этот **праздник,** чтобы написать вам. Я сдала экзамены. Я получила свой диплом. Мои родители очень счастливы. Когда у тебя день рождения? Мой день *рождения 6 сентября. **Я прикладываю свою фотографию к этому письму**.*

До скорого,

Фабьен."

"Марсель, 7 мая 2002 г.

Привет, Фабьен,

*Ты **красивая** на снимке. Мне нравится твое **платье** и твоя **блузка** . Извини меня. Я не отправила тебе свою фотографию. Я немного **стеснительная**. И я не фотогенична. Я отправляю тебе фотографию моей собаки. Это первый раз, когда я говорю тебе о нем. Это **комнатная собака** . Его зовут Коттон. Он очень **милый**. Ты родилась 6 сентября? Я отмечу эту дату в моем **органайзере**. Я собираюсь купить тебе подарок на твой день рождения. Какой твой любимый цвет? Мой любимый цвет – фиолетовый. Мой день рождения 17 ноября.*

Обнимаю,

Джуди."

"Антананариву, 12 мая 2002 г.

Привет, Джуди!

Неважно,** если ты не отправишь свою фотографию. Коттон – очень **милая** собака. Но у меня аллергия на собачью шерсть и **кошачью шерсть.** Мой любимый цвет – синий. Я собираюсь позаботиться о моем младшем брате. **Он поранился.

До скорого!

Фабьен."

"Марсель, 17 мая 2002 г.

Добрый вечер, Фабьен,

*Скажи своему младшему брату **быть осторожным**. **Я надеюсь, что он в порядке**. У тебя есть адрес электронной почты, Фабьен? Общаться при помощи электронных писем удобнее. Это **быстрее**. Мы теряем меньше времени. Вот мой адрес электронной почты: <u>judy.dubois2002@monmail.com</u> .*

До скорого!

Джуди."

"Антананариву, 25 мая 2002 г.

Добрый вечер, Джуди,

***Ты** **права**. Эти письма более практичны. **Кстати,** я только что отправила тебе электронное письмо. Мой адрес электронной почты находится в этом письме.*

До скорого!

Фабьен."

Vocabulario

Корреспондент(-ы)	Amigos/as por correspondencia
Координаты	Detalles
Я очень рада с тобой познакомиться	Estoy muy feliz de conocerte
Я новичок на факультете искусств	Soy una estudiante de primer año en la Facultad de Artes
Я изучаю английский в университете	Estudio inglés en la universidad
В следующий раз	La próxima vez
Я должна идти в класс	Tengo que ir a clase
Твое письмо вызывает у меня улыбку	Tu carta me hace sonreír
Кажется, что ты отличная девушка	Pareces una gran chica
Основная дисциплина	Campo de estudio
Кулинарные курсы	Clases de cocina
Денис – хороший повар	Denis es un buen cocinero
Он немного неуправляем	Él es un poco indisciplinado
Как видишь	Como ves
Нас разделяют одиннадцать лет	Nos separan once años
Он мне нравится	Me gusta él
Я забочусь о нем	Yo lo cuido
На данный момент	Por ahora
Цель	Objetivo
Закончить старшую школу	Terminar el colegio
Я просто должна	Solo tengo que…
Я иду спать	Me voy a la cama
Я плохо себя чувствую	No me siento bien

У меня грипп	Tengo gripe
Моя мама отвезет меня к врачу завтра	Mi madre me lleva al médico mañana
К счастью	Afortunadamente
Я могу отдохнуть	Puedo descansar
Я надеюсь, что ты скоро поправишься	Espero que pronto te sientas mejor
Пожелай мне удачи	Deséame suerte
Она снимает квартиру	Está alquilando un piso
Спросить о тебе	Preguntarte qué tal
Умер	Ha muerto
Похороны	Funeral
Я не в настроении...	No estoy de humor para…
Спасибо за беспокойство обо мне	Gracias por preocuparte por mí
Это заставляет мое сердце чувствовать тепло	Esto me calienta el corazón
У меня завтра экзамен по математике	Tengo un examen de matemáticas mañana
Я скучаю по нему	Le extraño
День труда	Día del Trabajo
Праздник	Vacaciones
Я прикладываю свою фотографию к этому письму	Adjunto una foto de mí a esta carta
Красивая	Muy guapa
Платье	Vestido
Блузка	Blusa
Стеснительная	Tímida
Комнатная собака	Perrito faldero
Милый	Dulce
Органайзер	Agenda
Неважно	No importa
Милый	Adorable
Кошачья шерсть	Pelo de gato

Он поранился

Se ha hecho daño

Быть осторожным

Tener cuidado

Я надеюсь, что он в порядке

Espero que esté bien

Быстрее

Más rápido

Ты права

Tienes razón

Кстати,

Por cierto

Historia 8: Amigas por correspondencia

La maestra de francés de Judy le da los **detalles** de una joven. Esta chica vive en el extranjero. Su nombre es Fabienne. Judy le envía la primera carta:

"Marsella, 14 de enero de 2002

Hola Fabienne

Mi nombre es Judy. Me gustaría corresponder contigo. Soy una chica de dieciocho años. Vivo en Francia. Me gustaría conocerte.

Judy Laroche.

Unos días más tarde, Judy recibe una respuesta de Fabienne.

"Antananarivo, 22 de enero de 2002.

Hola Judy

*Recibí tu carta. **Estoy muy feliz de conocerte**. Y estoy feliz de ser tu amiga por correspondencia. Te deseo un feliz año nuevo. Permíteme presentarme, mi nombre es Fabienne y tengo diecinueve años. **Soy una estudiante de primer año en la Facultad de Artes. Estudio ingles en la universidad. La próxima vez**, escribiré una carta más larga. **Tengo que ir a la clase.***

Quedo a la espera de tu respuesta.

Fabienne, tu nueva amiga."

"Marsella el 1 de febrero de 2002

Hola Fabienne

***Tu carta me hace sonreír**. Te lo agradezco. **Pareces una gran chica**. Déjame presentarme. Como sabes, mi nombre es Judy. Estoy en primera clase en la escuela secundaria y vivo con mis padres. Tengo un hermano mayor. Su nombre es Denis y estamos muy cerca. Denis se graduó de la escuela secundaria* *el año pasado. No sé qué **campo de estudio** elegirá. Por el momento, él está tomando **clases de cocina**. Él es talentoso. **Denis es un buen cocinero**. Nos gusta cocinar platos juntos. Es mi hermano quien prepara la comida en casa. Y yo le ayudo. Y tú, ¿tienes hermanos o hermanas? ¿Estás cerca de ellos?*

Tengas un buen día,

Judy ".

Antananarivo, 11 de febrero de 2002.

Hola Judy

*Sí, tengo un hermanito. Su nombre es Nathan. Tiene ocho años y está en la escuela primaria. Le encanta el fútbol. **Él es un poco indisciplinado**. No paso mucho tiempo con Nathan. **Como ves, nos separan once años. Pero me gusta él. Yo lo cuido** cuando mis padres están lejos. Tú le quieres mucho a tu hermano. Hablas mucho de él. Me gusta tu relación con tu hermano. Además, le gusta cocinar para su familia. Y tú, ¿cuál es tu pasión? Cuéntame un poco más sobre ti.*

Fabienne ".

"Marsella, 16 de febrero de 2002

Hola Fabienne

*¿Mi pasión? No sé... **Por ahora**, mi **objetivo** es **terminar el colegio**. Sabes, tuve que repetir un año de la escuela secundaria y otro del colegio. No descuido mis estudios. **Solo tengo que** trabajar duro para tener éxito en mis estudios.*

*Bueno, nos vamos a escribir pronto. Son las dieciocho en casa. **Me voy a la cama. No me siento bien. Tengo gripe. Mi madre me lleva al médico mañana. Afortunadamente**, es viernes. **Puedo descansar**.*

Judy ".

"Antananarivo, 25 de febrero de 2002.

Hola Judy,

Espero que pronto te sientas mejor*. Es el 25 de febrero. Espero que desde tu última carta, te encuentraes bien ahora.* ***Deséame suerte****. Estoy preparando exámenes ahora mismo.*

Hasta pronto,

Fabienne ".

París, 1 de marzo de 2002.

Hola Fabienne

Sí, estoy bien ahora. Son las vacaciones. Te escribo desde la ciudad de París. Visito a mi prima Melanie. Ella vive en París. ***Está alquilando un piso****. Ella es una estudiante de inglés, como tú. Regreso a Marsella el 7 de marzo. Todavía tengo muchas tareas escolares para terminar el año escolar. Buena suerte para tus exámenes!*

Judy ".

"Marsella, 15 de abril de 2002

Hola Fabienne

Ha pasado un poco de tiempo desde que me escribiste la última vez. Espero que estés bien. Te envío esta carta para ***preguntarte qué tal****.*

Judy ".

Antananarivo, 23 de abril de 2002.

Hola Judy

Lo siento por este silencio prolongado. En los últimos tiempos, ***no estoy de humor para escribir****. Un evento desafortunado ocurrió. El hermano mayor de mi padre* ***se ha muerto****. El era mi tío favorito. Estaba muy ocupada con el* ***funeral****. Al mismo tiempo, también hice exámenes. En cualquier caso, te agradezco tu carta.* ***Gracias por preocuparte por mí. Esto me*** *calienta el corazón.* *Eres realmente una amiga. Espero que estés bien.*

Abrazos,

Fabienne ".

"Marsella, 27 de abril de 2002

Querida Fabienne,

Te envío mis sinceras condolencias a ti y a tu familia. **Tengo un examen de matemáticas mañana.** *Estoy repasando. Denis está ausente.* **Le extraño.** *La casa está un poco vacía. ¿Has aprobado tus exámenes?*

¡Hasta pronto!

Judy ".

"Antananarivo, 1 de mayo de 2002

Querida Judy,

Hoy es el **Día del Trabajo.** *Aprovecho estas* **vacaciones** *para escribirte. He aprobado mis exámenes. Tengo mi diploma. Mis padres están muy felices. ¿Cuándo es tu cumpleaños? Mi cumpleaños es el 6 de septiembre.* **Adjunto una foto de mí a esta carta.**

Hasta pronto,

Fabienne ".

"Marsella, 7 de mayo de 2002

Hola fabienne

Eres **muy guapa** *en la foto. Me gusta tu* **vestido** *y tu* **blusa.** *Perdóneme. No te envié mi foto. Soy un poco* **tímida.** *Y no soy fotogénica. Te envío la foto de mi perro. Esta es la primera vez que te Historia sobre él. Es un* **perrito faldero.** *Su nombre es Cotton. Él es muy* **dulce.** *¿Nacistes el 6 de septiembre? Anoto esta fecha en mi* **agenda.** *Voy a comprarte* *un regalo de cumpleaños. ¿Cuál es tu color favorito? Mi color favorito es morado. Mi cumpleaños es el 17 de noviembre.*

Abrazos,

Judy ".

Antananarivo, 12 de mayo de 2002.

Hola Judy

No importa *si no envías tu foto. Cotton es un perro **adorable**. Pero soy alérgica al **pelo** de perro y **de gato**. Mi color favorito es el azul. Voy a cuidar a mi hermanito. **Se ha hecho daño.***

¡Te veo pronto!

Fabienne ".

"Marsella, 17 de mayo de 2002

Buenas tardes Fabienne

*Dile a tu hermanito que **tenga cuidado**. **Espero que esté bien**. ¿Tienes una dirección de correo electrónico, Fabienne? Es más conveniente comunicar por correo electrónico. Es **más rápido**. Perdemos menos tiempo. Aquí está mi dirección de correo electrónico: judy.dubois2002@monmail.com*

¡Hasta pronto!

Judy ".

Antananarivo, 25 de mayo de 2002.

Buenas tardes Judy

*Acabo de crear una dirección de correo electrónico. **Tienes razón**. Los correos electrónicos son más prácticos. **Por cierto**, acabo de enviarte un correo electrónico. Mi dirección de correo electrónico está en este correo electrónico.*

¡Hasta pronto!

Fabienne ".

История 9: Страсть к письму

Сирил Дегимонд – **знаменитый** писатель. **Он является автором четырнадцати опубликованных романов. Он хорошо известен во всем мире.** Сирил писал в основном **фантастические романы, детективные истории** и триллеры. Сирил – **известный писатель. Он продает много книг по всему миру.** Сирил только что выпустил свой четырнадцатый роман.

Пресс-**редактор** связывается с ним по телефону. Карин хочет взять у него интервью. Она просит его **дать** ей **интервью.** Сирил назначает ей встречу у себя дома в пятницу днем.

В пятницу утром Карин готовит интервью. Она берет **шариковую ручку** и **блокнот.** Она **заходит в Интернет,** чтобы прочитать о Сириле Дегимонде. Она пишет вопросы Сирилу. Звонит **мобильный телефон** Карин. **Она берет трубку**:

- Привет!
- Привет, Карин, это Кристина.
- Привет, Кристина! **Как дела?**
- **Давай уедем в эти выходные. Пакуй свои вещи. Это трехдневное путешествие. Я заберу тебя через два часа.**
- **Прости. Я не могу поехать.**
- Но почему? **Ты не работаешь по пятницам.**
- **У меня** сегодня **важная встреча.**
- **Свидание?**
- Нет, Кристина. Я беру интервью у Сирила Дегимонда.
- **Писателя** Сирила Дегимонда? **Ты счастливая девушка.** Дегимонд – мой любимый автор. **Я прочитала все его**

книги. Я собираюсь купить его новый роман сегодня.

- **Я собираюсь попросить у него автограф**. Для тебя.
- Спасибо!
- Я работаю сегодня. Но давай уедем завтра утром.
- Хорошо, **тогда увидимся завтра.**
- **Хорошего дня,** Кристина.
- Тебе тоже хорошего дня, Карин!

Карин кладет трубку. Она продолжает свою работу. В половине двенадцатого Карин готовится уходить. Она кладет свою ручку, тетрадь, свой **носовой платок**, свои **ключи от машины**, свои **солнцезащитные очки** и свой мобильный телефон в свою сумочку.

В четырнадцать пятнадцать, Карин прибывает к **входной двери** дома Сирила. **Она нажимает** на звонок. **Охранник** встречает ее. Он просит ее **удостоверение личности.** Карин представляется и показывает свой значок. Охранник приглашает ее войти **внутрь владения**. Он сопровождает молодую женщину к гостиной. **Он предлагает ей присесть** на стул. Тогда охранник выходит.

Десять минут спустя в комнату входит Сирил Дегимонд. **Карин встает,** чтобы поприветствовать его. Сирил великий человек. У него есть **борода,** и он **очарователен. Он носит очки**.

- Здравствуйте, мистер Дегимонд. Позвольте представиться: меня зовут Карин Дюбуа. Я работаю для журнала «Цветочный». Я – пресс-редактор. И **я рада с вами познакомиться.**
- Здравствуйте, мисс Дюбуа. **Мне очень приятно с вами познакомиться.**
- **Можете называть меня Карин.**

- **Хорошо**, Карин. **Здесь слишком жарко. Пойдемте в сад**.

В саду есть стол, стулья и зонт. Карин и Сирил садятся.

- Мистер Сирил Дегимонд, **спасибо, что пригласили меня в свой дом**. У вас очень красивая вилла.
- Спасибо, Карин. Давайте начнем интервью. **У меня напряженный день**.
- Хорошо. Я записываю наш разговор на своем смартфоне.
- **Избегайте** слишком интимных вопросов, пожалуйста. **Я не люблю говорить о своей личной жизни**.
- Хорошо, я понимаю. Итак, Кирилл Дегимонд, **расскажите нам о своем последнем романе.**
- Это история пришельца. У него внешность **человека. Живое существо выглядит как старая женщина**. У него есть **суперсилы**. Он прибывает на нашу планету. Затем он становится **свидетелем убийства. Сотрудник полиции расследует с ним убийство**.
- Это увлекательно. Как называется книга?
- «Иллюзии».
- **Как долго** вы пишите роман?
- Это варьируется **между** четырьмя и двадцатью четырьмя месяцами.
- **У вас спортивное тело, Сирил Дегимонд. Вы занимаетесь спортом?**
- **Действительно**, да.
- **Каким спортом вы занимаетесь?**
- Я занимаюсь бегом.
- **Вам нравится читать?**
- **Да, конечно.**

- **Что вы любите читать**, Сирил Дегимонд?
- **Всего понемногу. Это помогает мне** иметь вдохновение.
- Помимо чтения, спорта и письма, какие у вас хобби?
- **Мне нравится проводить время со своей семьей. Я люблю ходить на рыбалку с моим братом и моей племянницей**.
- Кто ваши любимые писатели?
- Мои любимые писатели – Стивен Кинг и Агата Кристи.
- Вы сейчас пишете новый роман?
- **Пока нет. Я собираюсь взять отпуск**.
- У ваших **читателей** есть вопросы к вам. Я собираюсь задать вам самые интересные вопросы.
- Хорошо. Я слушаю вас.
- **Бывает ли у вас творческий кризис?**
- **Это иногда случается со мной.**
- **Что вы делаете, когда это происходит?**
- **Я делаю перерыв.** Я гуляю пешком. Я ем **мороженое** с моей племянницей. Я общаюсь с моей племянницей. Я езжу в **сельскую** местность... **Я расслабляюсь**.
- Вы думаете о написании романтической книги?
- Нет.
- Спасибо за это интервью, Сирил Дегимонд.
- Не стоит благодарности. **Спасибо, что пришли**. Я даю вам экземпляр моего последнего романа.
- Ой! Большое спасибо, сэр!

Сирил улыбнулся.

- Сирил Дегимонд, вы не **могли бы вы подписать книгу для Кристины,** пожалуйста?
- Да, конечно. Кто такая Кристина?
- Кристина Дюбуа – моя старшая сестра. Она любит ваши романы.

Сирил пишет на первой странице книги. Карин благодарит его и идет домой.

На следующий день Карин дает книгу своей сестре. Кристина **в восторге**. Они берут машину и уезжают на выходные.

Vocabulario

Письмо	Escritura
Знаменитый	De renombre
Он является автором четырнадцати опубликованных романов	Es autor de catorce novelas publicadas
Он хорошо известен во всем мире	Él es bien conocido en todo el mundo
Фантастический(-е) роман(-ы)	Novelas de fantasía
Детективные истории	Historias de detectives
Известный писатель	Autor famoso
Он продает много книг	Vende muchos libros
Экземпляры	Copias
По всему миру	En todo el mundo
Редактор	Una editora
Дать интервью	Dé una entrevista
Блокнот	Libreta
Она заходит в Интернет	Va en línea
Шариковая ручка	Bolígrafo
Мобильный телефон	Móvil
Она берет трубку	Ella contesta el teléfono
Как дела	Qué tal
Давай уедем в эти выходные	Vámonos este fin de semana
Пакуй свои вещи	Prepara tu maleta
Это трехдневное путешествие	Es un viaje de tres días
Я заберу тебя через два часа	Te recogeré en dos horas
Прости	Lo siento
Я не могу поехать	No puedo ir
Ты не работаешь по пятницам	No trabajas los viernes

У меня важная встреча	Tengo una cita importante
Свидание	Una cita romántica
Писатель	Escritor
Ты счастливая девушка	Eres una mujer muy afortunada
Я прочитала все его книги	Leí todos sus libros
Я собираюсь попросить у него автограф	Le voy a pedir un autógrafo
Тогда увидимся завтра	Hasta mañana entonces
Хорошего дня	Que tengas un buen día
Карин кладет трубку	Carine cuelga el teléfono
Носовой платок	Pañuelo
Ключи от машины	Llaves de su coche
Солнцезащитные очки	Gafas de sol
Входная дверь	Puerta
Нажать (она нажимает…)	Tocar (ella toca…)
Охранник	Guardia de seguridad
Внутрь владения	Dentro de la propiedad
Он предлагает ей присесть	Él la invita a sentarse
Карин встает	Carine se levanta
Борода	Barba
Очаровательный	Encantador
Он носит очки	Él lleva gafas
Я рада с вами познакомиться	Encantada
Мне очень приятно с вами познакомиться	Estoy muy contento de conocerle
Можете называть меня Карин	Puede llamarme Carine
Хорошо	Vale
Здесь слишком жарко	Hace demasiado calor aquí
Пойдемте в сад	Vamos al jardín
Спасибо, что пригласили меня в свой дом	Gracias por darme la bienvenida a su casa

У меня напряженный день — Tengo un día ocupado

Избегать — Evita

Я не люблю говорить о своей личной жизни — No me gusta hablar de mi vida privada

Расскажите нам о своем последнем романе — Cuéntenos de su última novela

Человек — Ser humano

Живое существо выглядит как старая женщина — El ser vivo se parece a una mujer anciana

Суперсилы — Superpoderes

Он - свидетель убийства — Testigo de un asesinato

Сотрудник полиции расследует с ним убийство — Un oficial de policía investiga con él sobre el asesinato

Как долго… — Cuánto tiempo

Между — Entre

У вас спортивное тело — Tiene un cuerpo de atleta

Вы занимаетесь спортом — ¿Practica algún deporte?

Действительно — Pues

Каким спортом вы занимаетесь — ¿Qué deporte practica?

Вам нравится читать — ¿Le gusta leer?

Да, конечно — Sí, por supuesto

Что вы любите читать — ¿Qué te gusta leer?

Всего понемногу — Un poco de todo

Это помогает мне — Me ayuda

Мне нравится проводить время со своей семьей — Me gusta pasar tiempo con mi familia

Я люблю ходить на рыбалку с моим братом и моей племянницей — Me encanta ir a pescar con mi hermano y mi sobrina

Пока нет — Aún no

Я собираюсь взять отпуск — Voy a tomarme unas vacaciones

Читатели — Lectores

Бывает ли у вас творческий кризис

¿Tiene un bloque de escritor?

Это иногда случается со мной

Me pasa a veces

Что вы делаете, когда это происходит

¿Qué hace cuando le ocurre?

Я делаю перерыв

Me tomo un descanso

Мороженое

Helado

Сельская местность

Campo

Я расслабляюсь

Me relajo

Спасибо, что пришли

Gracias por venir

Могли бы вы подписать книгу для Кристины

¿Puede firmar el libro para Christine?

В восторге

Eufórica

Historia 9: Una pasión por la escritura

Cyril Deguimond es un autor **de renombre. Es autor de catorce novelas publicadas. Él es bien conocido en todo el mundo**. Cyril escribe principalmente **novelas de fantasía, historias de detectives** y thrillers. Cyril es un **autor famoso. Vende muchos libros en todo el mundo**. Cyril acaba de lanzar su decimocuarta novela.

Un **editora** de prensa lo contacta por teléfono. Carine quiere entrevistarlo. Ella le pide que le **dé una entrevista.** Cyril le da una cita en su casa el viernes por la tarde.

El viernes por la mañana, Carine prepara la entrevista. Ella toma un bolígrafo y una **libreta. Va en línea** para leer algo sobre Cyril Deguimond. Ella escribe las preguntas a Cyril. Alguien llama al **móvil** de Carine. **Ella contesta el teléfono:**

- ¡Hola!
- Hola Carine, soy Christine.
- ¡Hola Christine! **¿Qué tal?**
- **Vámonos este fin de semana. Prepara tu maleta. Es un viaje de tres días. Te recogeré en   dos horas.**
- **Lo siento. No puedo ir**
- ¿Pero por qué? **No trabajas los viernes**.
- **Tengo una cita importante** hoy.
- ¿Una **cita romántica**?
- No, Christine. Voy a entrevistar a Cyril Deguimond.
- ¿El **escritor** Cyril Deguimond? **Eres una mujer muy afortunada.** Deguimond es mi autor favorito. **Leí todos sus libros.** Hoy voy a comprar su nueva novela.
- **Le voy a pedir un autógrafo** para ti.
- ¡Gracias!
- Hoy trabajo. Pero vámonos mañana por la mañana.
- Está bien, **hasta mañana entonces.**
- **Que tengas un buen día**, Christine.
- ¡Igualmente, Carine!

Carine cuelga el teléfono. Ella sigue con su trabajo. A las trece y media, Carine se prepara para irse. Ella pone su bolígrafo, su cuaderno, su **pañuelo**, las **llaves de su coche**, sus **gafas de sol** y su teléfono móvil en su bolso.

A las catorce y quince, Carine llega a la **puerta** de la casa de Cyril. **Ella toca el timbre**. **Un guardia de seguridad** la saluda. Él le pregunta por su **identidad**. Carine se presenta y muestra su placa. El guardia de seguridad la invita a entrar **dentro de la propiedad**. Acompaña a la joven en la sala de estar. **Él la invita a sentarse** en una silla. Luego sale el guardia de seguridad.

Diez minutos después, Cyril Deguimond llega a la habitación. **Carine se levanta** para saludarlo. Cyril es un gran hombre. Tiene **barba** y es **encantador. Él lleva gafas.**
- Hola, señor Deguimond. Permítame presentarme: mi nombre es Carine Dubois. Trabajo para la revista *Flowery*. Soy una editora de prensa. **Encantada.**
- Hola, señorita Dubois. **Estoy muy contento de conocerle.**
- **Puede llamarme Carine.**
- **Vale**, Carine. **Hace demasiado calor aquí. Vamos al jardín.**

Hay una mesa con sillas y sombrilla en el jardín. Carine y Cyril se sientan.

- Sr. Cyril Deguimond, **gracias por darme la bienvenida a su casa.** Tiene una villa muy bonita.
- Gracias, Carine. Vamos a empezar la entrevista. **Tengo un día ocupado.**
- Bueno. Grabo nuestra conversación con mi teléfono inteligente.
- **Evita** las preguntas demasiado íntimas, por favor. Realmente **no me gusta hablar de mi vida privada.**
- Vale, lo entiendo. Entonces, Cyril Deguimond, **cuéntenos de su última novela.**
- Esta es la historia de un extraterrestre. Tiene la apariencia de **un ser humano. El ser vivo se parece a una mujer anciana.** Él tiene **superpoderes**. Llega a nuestro planeta. Entonces él es el **testigo de**

un asesinato. Un oficial de policía investiga con él sobre el asesinato.

- Es fascinante. ¿Cuál es el título del libro?
- "Ilusiones".
- ¿**Cuánto tiempo** tarda escribiendo una novela?
- **Entre** cuatro y veinticuatro meses.
- **Tiene un cuerpo de atleta,** Cyril Deguimond. **¿Practica algún deporte?**
- **Pues**, sí.
- **¿Qué deporte practica?**
- Estoy haciendo algo de jogging.
- **¿Le gusta leer?**
- **Sí, por supuesto.**
- **¿Qué te gusta leer,** Cyril Deguimond?
- **Un poco de todo. Me ayuda** a tener inspiración.
- Aparte de leer, practicar deportes y escribir, ¿cuáles son sus pasatiempos?
- **Me gusta pasar tiempo con mi familia. Me encanta ir a pescar con mi hermano y mi sobrina.**
- ¿Quiénes son sus autores favoritos?
- Mis autores favoritos son Stephen King y Agatha Christie.
- ¿Está escribiendo otra novela en este momento?
- **Aún no. Voy a tomarme unas vacaciones**.
- Sus **lectores** tienen preguntas para usted. Le voy a hacer las preguntas más interesantes.
- Bueno. Vamos a escuchar.
- **¿Tiene un bloque de escritor?**
- **Me pasa a veces**.
- **¿Qué hace cuando le ocurre?**
- **Me tomo un descanso.** Camino. Como **helado** con mi sobrina. Hablo con ella. Voy al **campo... me relajo.**
- ¿Piensa en escribir romance?
- No.
- Gracias por esta entrevista, Cyril Deguimond.
- Es un placer. **Gracias por venir**. Te ofrezco una copia de mi última novela.

- ¡Oh! ¡Muchas gracias señor!

Cyril sonrió.

- Cyril Deguimond, **¿puede firmar el libro para Christine**, por favor?

- Sí, por supuesto. ¿Quién es Christine?

- Christine Dubois es mi hermana mayor. A ella le encantan sus novelas

Cyril escribe en la primera página del libro. Carine le da las gracias y se va a casa.

El día siguiente, Carine le regala el libro a su hermana. Christine está **eufórica**. Cogen el coche y se van por el fin de semana.

История 10: Вечер с друзьями

Джон: Привет!

Мартин: Привет, Джон! Как твои дела?

Джон: Я в порядке, спасибо. А как у тебя дела?

Мартин: Я в порядке.

Джон: **Что ты делаешь сегодня вечером?**

Мартин: **Я останусь дома**, а что?

Джон: Я приглашаю тебя в ресторан сегодня вечером, тебя, Августина и Карлу.

Мартин: Хорошо. **Что происходит?**

Джон: **У меня есть особенное объявление**.

Мартин: Какие новости?

Джон: Потерпи, я объявляю об этом сегодня вечером.

Мартин: Хорошо!

Джон: В ресторане «Корма» сегодня вечером в восемь часов.

Мартин: Хорошо! **Увидимся вечером!**

Джон: Привет! Привет, Карла!

Карла: Привет, Джон!

Джон: **Где ты?**

Карла: На работе.

Джон: **Во сколько ты выходишь с работы?**

Карла: Около шести часов. А что?

Джон: **Хочешь выйти в свет сегодня вечером?**

Карла: Нет, спасибо. Я устала. Я пойду домой и посплю сегодня вечером.

Джон: Нет, ты не будешь спать. Мы идем в ресторан сегодня вечером.

Карла: Ты и я?

Джон: Нет, нас четверо, с Августином и Мартином.

Карла: **Но сейчас у меня не так много денег.**

Джон: **Не волнуйся. Это я тебя приглашаю.**

Карла: Спасибо. **Но это заставляет меня испытывать неловкость.**

Джон: Пожалуйста, Карла. **Мне нужно сказать тебе кое-что важное**. Тебе и другим.

Карла: **Это хорошие новости?**

Джон: Да, это очень хорошие новости.

Карла: Ты меня заинтриговал. Хорошо, сегодня вечером я пойду с тобой в ресторан.

Джон: Спасибо, Карла! Увидимся сегодня вечером! В ресторане «Корма» в двадцать часов. **Не опаздывай**.

Джон: Привет, Августин!

Августин: Привет, Джон!

Джон: **Ты свободен сегодня вечером?**

Августин: Да, сегодня пятница. Я хотел бы выйти сегодня вечером, чтобы расслабиться.

Джон: Хорошо. Я заеду за тобой в девятнадцать пятнадцать. **Карла и Мартин ждут нас** в ресторане в восемь часов.

Карла возвращается в десять минут шестого. Она принимает душ и надевает **длинное** синее **платье**. Она прибывает в ресторан в девятнадцать пятьдесят. Джон, Августин и Мартин прибывают через пять минут. Джон идет на рецепцию.

Джон: Добрый вечер, мэм!

Сьюзи: Добрый вечер, сэр, **что я могу для вас сделать?**

Джон: **Можно нам накрыть стол для ужина, пожалуйста?**

Сьюзи: Да, конечно. **Вы бронировали?**

Джон: Нет, мы не забронировали.

Сьюзи: **Ваш стол будет готов через несколько минут**.

Джон: Спасибо, мэм.

Карла: **Можно нам сесть за столиком у окна**, пожалуйста?

Сьюзи: Конечно!

Семь минут спустя официант зовет **четырех молодых людей**.

Джимми: Ваш столик готов. **Пожалуйста, следуйте за мной.**

Джон, Карла, Мартин и Августин сидят за своим столом.

Джимми: Добрый вечер, дамы, господа. Меня зовут Джимми. Я ваш официант на сегодня.

Джимми дает **меню** молодым людям.

Джимми: **Может вы хотите сначала что-нибудь выпить?**

Джон: Да, мы хотели бы бутылку вашего лучшего шампанского, пожалуйста.

Джимми приносит бутылку шампанского.

Мартин: Итак, Джон. Что это за прекрасные новости, о которых ты нам расскажешь?

Джон: **Давайте немного повеселимся**. **Я позволю вам угадать**.

Карла: Ты собираешься жениться.

Джон: Нет.

Карла: **У тебя будет ребенок**.

Джон: Нет.

Мартин: Ты собираешься работать за границей.

Джон: Нет.

Августин: **Ты получил повышение.**

Джон: Нет.

Карла: Ты станешь **священником**.

Джон: Нет.

Мартин: Ты меняешь вид деятельности!

Карла: И ты станешь рок-звездой!

Джон: Нет и нет. Карла, **ты забавная**. И у тебя богатая фантазия.

Августин: Ты унаследовал **большое состояние**!

Джон: Нет, но **это почти то**, Августин! **Хорошо, я скажу вам. Я выиграл в лотерею!**

Августин, Мартин и Карла: Правда?

Джон: Да, **я не шучу**. Я действительно выиграл в лотерею!

Мартин: **Сколько ты выиграл?**

Джон: **Я храню эту информацию при себе.** Но вы все будете наслаждаться этими деньгами!

Карла: Почему и как?

Джон: Потому что вы — мои лучшие друзья. **Вы всегда готовы поддержать меня** в хорошие и плохие времена. Мы собираемся в отпуск вместе на две недели. **Я оплачиваю все расходы.**

Мартин: Ты серьезно, Джон?

Джон: Да!

Августин: Но ты знаешь, **ты не обязан этого делать**.

Джон: **Но я хочу. Не смущайтесь**. Я хотел бы поблагодарить вас за вашу искреннюю дружбу. **Давайте просто назовем это благодарственным подарком.**

Карла: Спасибо, что даешь нам эту поездку! Я в деле!

Августин: Я тоже.

Джон: А ты, Мартин?

Мартин: **Хорошо, я в деле!**

Джон: Спасибо, мои дорогие друзья!

Джимми подходит к их столу.

Джимми: **Вы сделали свой выбор?**

Карла: **Я хотел бы немного куриного супа,** пожалуйста.

Джимми: А вы, господа?

Мартин: Я возьму то же самое.

Августин: Я бы хотел салат с пастой, пожалуйста.

Джимми: А вы, сэр?

Джон: **Каковы сегодняшние специальные блюда?**

Джимми: Ризотто или гратен с сыром.

Джон: Я бы хотел сырный гратен, пожалуйста.

Джимми: Хорошо, сэр. Желаете что-нибудь еще?

Карла: Да, я бы взяла банан, политый горячим напитком, на десерт, пожалуйста.

Джимми: А вы, господа, будете десерт?

Джон: Нет, спасибо.

Августин: Нет, я не хотел бы брать десерт.

Мартин: Я тоже.

Джимми уходит. Через пятнадцать минут он возвращается с **заказанными блюдами**.

Джимми: Приятного аппетита! Если вы хотите заказать другие блюда, не стесняйтесь позвать меня.

Четверо молодых людей благодарят официанта и начинают есть. Во время ужина **говорит Августин**.

Августин: **Давайте поднимем наши бокалы за дружбу!**

Позже Джимми приносит десерт Карлы. Затем четверо друзей в течение часа обсуждают свой следующий отпуск. Джон просит **счет**. Он оплачивает счет. Затем он покидает ресторан со своими друзьями. Джон оставляет щедрые **чаевые** официанту.

Августин: **Так куда мы идем сейчас?**
Карла: **Я очень устала**. Я собираюсь домой. Спокойной ночи, мальчики!
Джон: Спасибо! Спокойной ночи, Карла!
Мартин: Я тоже пойду домой. Я завтра работаю. До свидания!
Джон и Августин: Спокойной ночи, Мартин!
Августин: **Теперь мы единственные, кто остался,** Джон. Какая программа сегодня вечером?
Джон: У меня есть DVD недавно выпущенного фильма. Мы можем пойти домой и посмотреть фильм вместе.
Августин: Хорошо!

Vocabulario

Что ты делаешь сегодня вечером	¿Qué vas a hacer esta noche?
Я останусь дома	Me quedo en casa
Что происходит	¿Qué pasa?
У меня есть особенное объявление	Tengo un anuncio muy especial que hacer
Увидимся вечером	¡Hasta pronto!
Где ты?	¿Dónde estás?
Во сколько ты выходишь с работы?	¿A qué hora sales del trabajo?
Хочешь выйти в свет сегодня вечером?	¿Quieres salir esta noche?
У меня не так много денег	No tengo demasiado dinero
Не волнуйся	No te preocupes
Я приглашаю тебя	Te invito yo
Но это заставляет меня испытывать неловкость	Pero me haces sentir un poco incómoda
Мне нужно сказать тебе кое-что важное	Tengo algo importante que decirte
Это хорошие новости?	¿Son buenas noticias?
Не опаздывай	No llegues tarde
Ты свободен сегодня вечером?	¿Estás libre esta noche?
Ждать (Карла и Мартин ждут)	Esperar (Carla y Martin nos estarán esperando)
Длинное платье	Largo vestido
Что я могу для вас сделать?	¿Qué puedo hacer para usted?
Можно нам накрыть стол для ужина, пожалуйста?	¿Querríamos una mesa para cenar, por favor?
Вы бронировали?	¿Tienen una reserva?
Ваш стол будет готов через несколько минут	Su mesa estará lista en unos minutos

Можно нам сесть за столиком у окна?	¿Podríamos tener una mesa cerca de la ventana?
Четыре молодых человека	Cuatro jóvenes
Пожалуйста, следуйте за мной	¿Quieren seguirme, por favor?
Меню	Los menus
Может вы хотите сначала что-нибудь выпить?	¿Quieren algo para beber primero?
Давайте немного повеселимся	Vamos a divertirnos un poco
Я позволю вам угадать	Os dejaré adivinar
У тебя будет ребенок	Vas a tener un bebé
Ты получил повышение	Tienes un aumento
Священник	Sacerdote
Ты забавная	Eres graciosa
Большое состояние	Gran fortuna
Это почти то	Casi
Хорошо, я скажу вам	Vale, os lo diré
Я выиграл в лотерею!	¡Gané la lotería!
Я не шучу	No estoy bromeando
Сколько ты выиграл?	¿Cuánto ganaste?
Я храню эту информацию при себе	Guardo esa información para mí
Вы всегда готовы поддержать меня	Siempre estáis ahí para apoyarme
Хорошие и плохие времена	Buenos y malos tiempos
Я оплачиваю все расходы	Yo pago todos los gastos
Ты не обязан этого делать	No tienes por qué que hacer eso
Но я хочу	Pero yo quiero
Не смущайтесь	No te sientas incómodo

Давайте просто назовем это благодарственным подарком	Vamos a llamarlo un regalo de agradecimiento
Хорошо, я в деле	Muy bien, ¡estoy dentro!
Вы сделали свой выбор?	¿Hicieron su elección?
Я хотел бы немного куриного супа	Me gustaría un poco de sopa de pollo
Каковы сегодняшние специальные блюда?	¿Cuáles son las especialidades de hoy?
Заказанные блюда	Platos ordenados
Говорит Августин	Agustín habla
Давайте поднимем наши бокалы за дружбу	¡Vamos a brindar por nuestra amistad!
Счет	Cuenta
Чаевые	Propina
Так куда мы идем сейчас?	¿A dónde vamos ahora?
Я очень устал(-а)	Yo estoy muy cansada
Теперь мы единственные, кто остался	Ahora estamos solos

Historia 10: Una tarde con amigos

John: Hola

Martin: ¡Hola John! ¿Cómo estás?

John: Estoy bien, gracias. ¿Y tú cómo estás?

Martin: Estoy bien.

John: **¿Qué vas a hacer esta noche?**

Martin: **Me quedo en casa**, ¿por qué?

John: Te invito al restaurante, a ti, a Augustin y a Carla.

Martin: Vale, pero **¿qué pasa?**

John: **Tengo un anuncio muy especial que hacer.**

Martin: ¿Cuál es la noticia?

John: Ten paciencia, os lo voy a contar esta noche.

Martin: Vale.

John: En el restaurante "Feed" esta noche, a las ocho en punto.

Martin: Vale, ¡Hasta pronto!

John: ¡Hola Carla!

Carla: ¡Hola Juan!

John: **¿Dónde estás?**

Carla: Estoy trabajando.

John: **¿A qué hora sales del trabajo?**

Carla: Alrededor de las seis. ¿Por qué?

John: **¿Quieres salir esta noche?**

Carla: No, gracias. Estoy cansada. Voy a casa y duermo esta noche.

John: No, no te vayas a dormir. Vamos a ir al restaurante esta noche.

Carla: ¿Tú y yo?

John: No, somos cuatro, con Augustin y Martin.

Carla: **Pero ahora no tengo demasiado dinero.**

John: **No te preocupes. Te invito yo**.

Carla: Gracias. **Pero me haces sentir un poco incómoda**.

John: Por favor, Carla. **Tengo algo importante que decirte**. A ti y a
los demás.

Carla: **¿Son buenas noticias?**

John: Sí, son muy buenas noticias.

Carla: Ahora estoy curiosa. Vale, entonces. Nos vemos al restaurante
esta noche.

John: Gracias, Carla. ¡Nos vemos esta noche entonces! En el restaurante "Feed", a las veinte en punto. **No llegues tarde.**

Juan: ¡Hola Agustin!
Agustin: ¡Hola Juan!
John: **¿Estás libre esta noche?**
Agustin: Sí, es viernes. Me gustaría salir esta noche para relajarme.
John: Vale. Te recogeré a las diecinueve y quince. **Carla y Martin nos estarán esperando** en el restaurante a las ocho en punto.

Carla regresa a las seis y diez minutos. Se ducha y se pone un **largo vestido** azul. Llega al restaurante a las ocho menos diez. John, Augustin y Martin llegan cinco minutos después. John va a la recepción.

John: ¡Buenas noches, señora!
Suzie: Buenas noches señor, **¿qué puedo hacer para usted?**
John: **¿Querríamos una mesa para cenar, por favor?**
Suzie: Sí, por supuesto. **¿Tienen una reserva?**
John: No, no hemos reservado.
Suzie: **Su mesa estará lista en unos minutos.**
John: Gracias, señora.
Carla: **¿Podríamos tener una mesa cerca de la ventana**, por favor?
Suzie: ¡Por supuesto!

Siete minutos después, un camarero llama a los **cuatro jóvenes.**

Jimmy: Su mesa está lista. **¿Quieren seguirme, por favor?**

John, Carla, Martin y Augustin se sientan en su mesa.

Jimmy: Buenas tardes señora y caballeros. Mi nombre es Jimmy. Soy su servidor para esta noche.

Jimmy le da **los menús** a los jóvenes.
Jimmy: **¿Quieren algo para beber primero?**
John: Sí, nos gustaría una botella de su mejor champán, por favor.

Jimmy le trae una botella de champán.

Martin: Entonces, John. ¿Cuál es esta gran noticia que nos vas a anunciar?
John: **Vamos a divertirnos un poco. Os dejaré adivinar**.
Carla: Te vas a casar.
John: No.
Carla: **Vas a tener un bebé.**
John: No.
Martin: Vas a trabajar al extranjero.
John: No.
Agustín**: Tienes un aumento.**
John: No.
Carla: Te convertirás en un **sacerdote**.
John: No.
Martin: ¡Cambias de carrera!
Carla: ¡Y te convertirás en una estrella de rock!
John: No y no. Carla, **eres graciosa.** Y tienes mucha imaginación.
Agustín: ¡Heredaste una **gran fortuna**!
John: No, pero casi, Augustine! **Vale, os lo diré. ¡Gané la lotería**!
Augustin, Martin y Carla: ¿En serio?
John: Sí, **no estoy bromeando**. ¡Realmente gané la lotería!
Martin**: ¿Cuánto ganaste?**
John: **Guardo esa información para mí**. ¡Pero vosotros disfrutaréis de este dinero!
Carla: ¿Por qué y cómo?
John: Porque sois mis mejores amigos. **Siempre estáis ahí para apoyarme en los buenos y malos tiempos**. Nos vamos de vacaciones juntos por dos semanas. **Yo pago todos los gastos.**
Martin: ¿Hablas en serio, John?
John: Sí.
Augustin: Pero sabes, **no tienes por qué que hacer eso**.
John: **Pero yo quiero. No te sientas incómodo**. Me gustaría agradeceros por vuestra sincera amistad. **Vamos a llamarlo un regalo de agradecimiento.**
Carla: ¡Gracias por este viaje! ¡Estoy dentro!
Agustín: Yo también.
John: ¿Y tú, Martin?

Martin: **Muy bien, ¡estoy dentro!**
Juan: ¡Gracias mis queridos amigos!

Jimmy se acerca a la mesa.
Jimmy: **¿Hicieron su elección?**
Carla: **Me gustaría un poco de sopa de pollo**, por favor.
Jimmy: ¿Y ustedes, caballeros?
Martin: Yo tomaré lo mismo.
Agustín: Quisiera una ensalada de pasta, por favor.
Jimmy: ¿Y usted, señor?
John: **¿Cuáles son las especialidades de hoy?**
Jimmy: Risotto o gratinado con queso.
John: Quisiera un gratinado con queso, por favor.
Jimmy: Bueno, señores. ¿Les apetecería algo más?
Carla: Sí, un plátano flameado como postre para mí, por favor.
Jimmy: Y ustedes, caballeros, ¿quieren algo de postre?
John: No, gracias.
Agustín: Yo tampoco, nada de postre.
Martin: Yo tampoco.

Jimmy se aleja. Quince minutos después, vuelve con los **platos ordenados.**
Jimmy: ¡Qué aprovechen! Si quieren pedir algo más, no duden en llamarme.

Los cuatro jóvenes agradecen al camarero y comienzan a comer. Durante la cena, **Agustín habla.**

Agustín: **¡Vamos a brindar por nuestra amistad!**

Seguidamente, Jimmy trae el postre de Carla. Luego los cuatro amigos hablan de sus próximas vacaciones por una hora. John pide la **cuenta** y paga. Luego sale del restaurante con sus amigos. John deja una generosa **propina** al camarero.

Agustín: **¿A dónde vamos ahora?**

Carla: **Yo estoy muy cansada**. Voy a mi casa ¡Buenas noches, chicos!

Juan: ¡Gracias! Buenas noches, Carla.

Martin: Yo también me voy a casa. Yo trabajo mañana. ¡Adiós!

John y Augustin: ¡Buenas noches, Martin!

Agustín: **Ahora estamos solos**, John. ¿Cuál es el programa de esta noche?

John: Tengo el DVD de una película recién estrenada. Podemos ir a casa y ver la película juntos.

Agustín: ¡De acuerdo!